Angelika Walser

Ein Kind um jeden Preis?

INHALT

Ein persönliches Vorwort 7

1. DIE ERFAHRUNG DES UNERFÜLLTEN KINDERWUNSCHES

Einige Fakten und Ursachen 11
Wieso eigentlich der Wunsch nach einem Kind? 14

2. REPRODUKTIONSMEDIZIN ALS LÖSUNG?

Methoden, Erfolg und Risiken der Reproduktionsmedizin . . . 23
Rechtliche Rahmenbedingungen in Österreich, der Schweiz und Deutschland 28
Ökonomische Rahmenbedingungen in Österreich, der Schweiz und Deutschland 36

3. ETHISCHE ÜBERLEGUNGEN

Prokreative Freiheit und reproduktive Autonomie 43
Verantwortung und Fürsorge für ein Kind 48

4. ETHISCHE FOLGEPROBLEME DER REPRODUKTIONSMEDIZIN IN DER DISKUSSION

Heterosexuelle und homosexuelle Elternschaft 55
Samen- und Eizellspende 58
Embryonenspende, Leihschwangerschaft und Leihmutterschaft 61
Ungeborenes Leben 65
Präimplantationsdiagnostik 65
Verbrauchende Embryonenforschung 69

5. POSITIONIERUNGEN

Die katholische Position: Lehramtliche Dokumente und philosophisch-theologische Argumente 72
Die evangelische Position: Lehramtliche Dokumente und philosophisch-theologische Argumente 84
Feministische und geschlechtersensible Positionen 94

6. KOMPETENZEN FÜR EINE VERANTWORTETE UND SELBSTBESTIMMTE ENTSCHEIDUNG: DIE SUCHE NACH DER EIGENEN STIMME

Wahrnehmungskompetenz 104
Deutungskompetenz 107
Intersubjektive/kommunikative Kompetenz 111
Moralisch-normative Kompetenz 113

7. DIE FRAGE NACH ALTERNATIVEN MÖGLICHKEITEN DES UMGANGS MIT UNERFÜLLTEM KINDERWUNSCH

Alternative Therapien 120
Adoption 121
Verzicht auf Kinder 126

Ein persönliches Nachwort und Danksagung 128
Anmerkungen 130

EIN PERSÖNLICHES VORWORT

Irgendwo im großen Wiener Allgemeinen Krankenhaus stand vor vielen Jahren eine Wartebank vor einer der Ambulanzen in der Klinischen Abteilung für Gynäkologische Endokrinologie und Reproduktionsmedizin. Auf dieser Wartebank habe ich damals Platz genommen – in der Hand die Überweisung meines Frauenarztes zur „Abklärung der Ursache des unerfüllten Kinderwunsches". Ich erinnere mich noch genau daran, welche Frauen den Wartesaal damals betreten und schließlich wie die Hühner auf der Stange neben mir Platz genommen haben: direkt neben mir eine Dame im grauen Business-Look, die die ganze Zeit nervös auf ihrem Notebook herumtippte und vollkommen abwesend zu sein schien; neben der Business-Lady eine Ausländerin mittleren Alters mit Kopftuch, die ich als Türkin zu identifizieren glaubte und die leise mit ihrem Mann sprach. So unterschiedlich wir drei waren – die Business-Lady, die Türkin und ich – wir hatten offensichtlich alle drei dasselbe Problem. Irgendwo in unserer Krankenakte tauchte das Wort „infertil" auf. Wir wünschten uns ein Kind, doch ging unser Wunsch nicht in Erfüllung.

Als ich später zur Entfernung eines Myoms stationär im AKH aufgenommen wurde, lernte ich noch viele andere Frauen kennen, die mir die Augen für die Tatsache öffneten, dass ein unerfüllter Kinderwunsch weder auf ein gewisses Alter noch auf eine gewisse Schicht beschränkt sind. Da waren „mittelalterliche" Akademikerinnen wie ich; da waren aber auch ganz junge Frauen, Angestellte in leitender und nichtleitender Position, Hausfrauen und Lehrerinnen, Supermarktverkäuferinnen, Pferdeliebhaberinnen aus Bosnien, der Türkei, Österreich und Deutschland. In vielen Gesprächen haben wir damals gerätselt: „Warum klappt es nicht? Was machen wir falsch? Was sagt dein Partner dazu? Wie geht ihr damit um? Wie kriegt ihr das hin mit dem Timing?" Wer schon einmal Patient oder Patientin in einem Krankenhaus war, der weiß, dass man dort mit völlig Fremden manchmal über sehr intime Dinge spricht. Der Schutz des Nichtwissens voneinander und die gemeinsame Situation, in der man sich befindet, erlaubt eine Nähe, die oft nicht einmal vertrauten Menschen vorbehalten ist. So erfuhr ich allerhand von den Abteilungsgenossinnen: Die eine hatte sich einen Hund gekauft, damit „ich wenigstens etwas zum Kuscheln habe", die andere ein Pferd; die dritte war beschäftigt, die mit den Untersuchungen anfallenden häufigen Aufenthalte in der Klinik vor ihrem Chef zu verschleiern. Die vierte klagte über die mangelnde Sensibilität ihres Mannes, „dem das alles allmählich auf die Nerven geht". Und die fünfte berichtete mir schließlich in einer stillen Stunde, dass bereits acht Abgänge hinter ihr lagen, dass sie aber unbedingt weitermachen würde, bis sie endlich das ersehnte Kind in den Armen halten würde. Es war dieses Gespräch zusammen mit einer Beratung bei einem freundlichen und besonnenen Arzt der Abteilung, die mich damals zum Entschluss brachten, die IVF für mich *nicht* in Anspruch zu nehmen. Ich wusste sehr genau, dass ich den psychischen Belastungen mehrfacher Behandlungszyklen *nicht* gewachsen sein würde. Aus meiner wissenschaftlichen Lektüre als theologische Ethikerin war ich außerdem über die physische Belastung informiert, welche Frauen bei reproduktionsmedizinischen Methoden in unterschiedlichem Maße erwartet. So verließ ich das AKH um ein Myom leichter, aber natürlich auch ohne Kind. Die Untersuchungen waren ergebnislos verlaufen, ebenso die Untersuchungen meines Mannes.

Wir warteten weiter auf ein Kind, das wir angeblich bekommen konnten, aber nicht bekamen. Kurz nach meinem Aufenthalt entschieden wir uns für eine Inlandsadoption und bekamen nach vierjähriger Wartezeit von der Wiener Magistratsabteilung 11 den ersehnten Anruf: „Wir hätten da ein Baby für Sie!" Wir zogen mit unserer Adoptivtochter in den Wiener Wald, ich erhielt zwei Jahre später ein Stipendium für meine Habilitation, trat eine Stelle an der Universität Wien am Institut für theologische Ethik an – und stellte fest, dass ich schwanger war. Seitdem toben zwei kleine Mädchen bei uns durchs Haus und verlangen uns ab, was alle Kinder ihren Eltern abverlangen: Geduld, gute Nerven, Zeit und Geld und viele schlaflose Nächte.

Ich kenne Paare, die einen anderen Weg gegangen sind als wir und die IVF oder andere Methoden der Reproduktionsmedizin gewählt haben – manchmal waren sie erfolgreich und brauchen heute Geduld, gute Nerven, Zeit und Geld und mehr Schlaf. Andere haben sich irgendwann damit abgefunden, keine Kinder zu bekommen. Manche wollen schlichtweg keine und sind sehr glücklich miteinander, auch ohne Kinder. Andere wiederum betreuen Pflegekinder oder haben Patenschaften in Ländern übernommen, wo Kinder jeden Tag ums Überleben kämpfen.

Was ich damit sagen will: Es gibt keinen Königsweg, um mit dem unerfüllten Kinderwunsch leben zu lernen. Letztlich muss jedes Paar einen Weg für sich finden und dieser Weg ist mühsam, verläuft oft abseits der Leistungsbilanzen und den geglückten Karrieren, die einem im Laufe des Lebens so präsentiert werden. Schmerzen gehören dazu, Wut und Trauer, Sprachlosigkeit und Enttäuschung.

Ethische Überlegungen, um die es auf den folgenden Seiten gehen soll, haben hier zunächst – so scheint es – kaum einen Platz. Ethik als „Kopfarbeit am Guten“ erscheint oft als relativ abstraktes Unternehmen, als nüchtern-rationale Abwägung der eigenen Handlungsziele und ihrer Folgen. Im Gefühlsgemenge eines unerfüllten Kinderwunsches verschaffen sich ethische Reflektionen – wenn überhaupt – nur leise Gehör. Das mag daran liegen, dass ethisches Nachdenken immer eine gewisse Distanz zum eigenen Handeln erforderlich macht, eine Portion Rationalität. *Allein* mit Wut und Trauer im Bauch lässt sich Ethik nicht betreiben, gänzlich *ohne* sie aber auch nicht. Der Schmerz oder auch der Zorn darüber, dass etwas *nicht* so ist, wie es sein soll oder wie wir es zumindest gerne hätten, ist ein starker Antrieb ethischer Reflektion. Ohne diese Erfahrung des Schmerzes verkommt Ethik zu einer Ansammlung formaler Rechtssätze, die dann für „ethical correctness“ sorgen, aber auch seltsam leer und blass bleiben.

Die folgenden Seiten sind also aus der Erfahrung des Schmerzes ungewollter Kinderlosigkeit geschrieben. Sie geben keine Auskunft darüber, wie „*man* ethisch korrekt mit den Angeboten der Reproduktionsmedizin" umgeht, noch verstehen sie sich als pure Ansammlung reiner Information. Sie spiegeln das Ringen einer *katholisch-theologischen* Ethikerin wider, die sich einerseits mit dem vielversprechenden Angebot der Reproduktionsmedizin konfrontiert sieht, andererseits vor den ethischen Problemen, die sich mit dieser Technologie ergeben, aber nicht die Augen verschließen will. Das Attribut „katholisch-theologisch" spielt insofern eine Rolle, als beide christliche Kirchen, insbesondere die katholische Kirche, der Reproduktionsmedizin skeptisch bis ablehnend gegenüberstehen und gute Gründe dafür haben. Allerdings bleibt deswegen keinem Paar mit unerfülltem Kinderwunsch – ob christlich oder nicht – das eigene Nachdenken und das Ringen um eine eigene Entscheidung erspart. Um verantwortliche Entscheidungen treffen zu können, muss man letztlich „die eigene Stimme" finden, wie eine schöne Übersetzung für Autonomie in der feministischen Literatur lautet. Dies ist nicht zuletzt deshalb notwendig, weil man mit seinen Entscheidungen ein ganzes Leben lang leben muss. Im Konzert der vielen Stimmen und unter zunehmend liberalen Rahmenbedingungen heute die ureigene zu finden ist allerdings ein mühsamer Weg. Wenn dieses kleine Buch auf diesem Weg ein wenig zum Nachdenken beitragen kann und hier und da im Gefühlschaos ein wenig Innehalten schafft, dann hat es seinen Zweck bereits erfüllt.

1. DIE ERFAHRUNG DES UNERFÜLLTEN KINDERWUNSCHES

Einige Fakten und Ursachen

Unfruchtbarkeit ist in den letzten Jahrzehnten, insbesondere in den Industriestaaten, ein immer größeres Problem geworden. Schätzungen zufolge sind in Europa ca. 10–15 Prozent der Paare im fortpflanzungsfähigen Alter ungewollt kinderlos, d. h. ca. jedes fünfte bis sechste Paar hat Mühe bei der Erfüllung des Kinderwunsches. 10 Prozent der Paare benötigen länger als zwei Jahre, um Kinder zu bekommen, 3–4 Prozent der Paare bleiben dauerhaft ungewollt kinderlos. Wie schon gesagt – die Zahlen sind Schätzungen, die in der Literatur über ungewollte Kinderlosigkeit immer wieder genannt werden. Tatsächlich sind genaue weltweite, europaweite und länderspezifische statistische Angaben äußerst schwierig zu erhalten, denn erstens kennt die Forschung verschiedene Arten von Infertilität und es ist zweitens davon auszugehen, dass viele ungewollt kinderlose Paare statistisch gar nicht erfasst sind. Jenseits aller Erhebungen kann jedoch als gesichert gelten, dass unfreiwillige Kinderlosigkeit oder Infertilität in den letzten Jahrzehnten weltweit immer mehr als Problem wahrgenommen wird. Die WHO bezeichnet unfreiwillige Kinderlosigkeit bzw. Infertilität bereits offiziell als Krankheit („disease"). Von „Infertilität" im klinischen Sinne spricht man laut WHO-Definition, wenn nach zwölf Monaten ungeschütztem und regelmäßigem Geschlechtsverkehr keine Schwangerschaft eingetreten ist.[1]

Die WHO hat die Staaten der UNO aufgefordert, sich dem Problem zu stellen und regelmäßig Berichte über die Bevölkerungsentwicklung vorzulegen. Auch die Wissenschaft bzw. die Medien sind auf das Thema aufmerksam geworden und die kaum überschaubare Flut der empirischen Studien, Publikationen und Artikel über unfreiwillige Kinderlosigkeit und Bevölkerungsrückgang reißt derzeit nicht ab. Versucht man sich einen Überblick zu verschaffen, stellt man sehr schnell fest, wie stark die Publikationen von bestimmten Interessen geleitet werden, so dass die Objektivität von Zahlen und Fakten oftmals erheblich in Frage gestellt werden muss. Soll eine Studie letztlich Handlungsempfehlungen für die Politik erstellen und bestimmte politische Maßnahmen stützen? Werden Studien im Interesse der Pharmaindustrie erstellt? Stehen Lebensschutzaktionen dahinter? Den angeblichen Zahlen und Fakten ist nicht immer zu trauen, daher sollen hier auch keine Studien genannt werden. Klar ist eines: Unfreiwillige Kinderlosigkeit ist ein ernsthaftes individuelles und gesellschaftliches Problem. Die Ursachen sind dabei sehr vielfältig: An erster Stelle wird in der Literatur meist genannt, dass der Kinderwunsch bei Frauen heute in einer späteren Lebensphase auftritt als noch vor 40 Jahren. So ist das Durchschnittsalter bei der Geburt des ersten Kindes in den meisten europäischen Ländern 29 Jahre[2] – rein biologisch gesehen bereits nicht mehr die fruchtbarste Phase in einem Frauenleben. Es dauert seine Zeit, bis Frauen ihre Ausbildungen beendet haben, ins Erwerbsleben eingetreten sind und dazu noch den richtigen Partner gefunden haben, mit dem sie gerne Kinder haben wollen. Mithilfe moderner Methoden der Empfängnisverhütung lässt sich Fruchtbarkeit auch lange Zeit gut kontrollieren, so dass das „Projekt Kind“ plan- und steuerbar erscheint. Leider stellt sich nach Absetzen der Verhütungsmaßnahmen oftmals heraus, dass es viel leichter war, eine ungewollte Schwangerschaft zu verhindern, als eine gewollte herbeizuführen.

Das relativ hohe Alter der Erstgebärenden ist aber nur *ein* Grund unter vielen anderen, der in manchen Abhandlungen leider dazu verwendet wird, Frauen die Schuld zuzuweisen – nach dem Motto: In früheren Zeiten ohne Emanzipation und Selbstverwirklichungsbestrebungen der Frauen war die Welt halt noch in Ordnung … Solchen Behauptungen ist entgegenzuhalten, dass die Wissenschaft heute viele andere gewichtige

Gründe nennt, weshalb immer mehr Paare über Infertilität klagen: So wächst der seriös begründete Verdacht, dass sich Umweltgifte, insbesondere Pestizide, ungünstig auf das sensible Hormonsystem von Männern und Frauen auswirken. Dazu kommen Abgase, Schwermetalle und weitere Umweltgifte. Leider müssen Umweltmediziner feststellen, dass trotz der sich mehrenden wissenschaftlichen Hinweise auf den Zusammenhang von Schadstoffbelastung und Unfruchtbarkeit der politische Wille und die finanziellen Ressourcen fehlen, um in aufwändigen Studien diesen Zusammenhang wissenschaftlich zweifelsfrei belegen zu können. Die Ergebnisse dieser Studien wären möglicherweise unangenehm für Industrie, Wirtschaft und Politik gleichermaßen. So muss es fürs erste bei der Feststellung bleiben, dass die männliche Spermienqualität weltweit in den letzten Jahrzehnten stetig abnimmt, wobei hier nicht nur Umweltgifte eine Rolle spielen: Nikotin, Alkohol, Übergewicht und Stress sind ebenfalls Faktoren, die zu den andrologischen Ursachen von Infertilität gehören. Dazu kommen Entzündungen, Infektionen, Fehlbildungen und Verletzungen der Samenleiter und Hoden, die manchmal bereits in der Kindheit angelegt wurden und nie erkannt worden sind. Heute wird davon ausgegangen, dass die Ursachen für Infertilität in etwa zu gleichen Teilen bei Mann *oder* Frau bzw. bei beiden gemeinsam liegen, wobei es neben dem bereits genannten sozialen Grund – dem hohen Alter der Erstgebärenden – und den ökologischen Gründen meist handfeste medizinische Gründe gibt, weshalb sich der Kinderwunsch nicht erfüllen will: So rückt in letzter Zeit die zweithäufigste Krankheit bei Frauen im gebärfähigen Alter, die Endometriose, in den Mittelpunkt des wissenschaftlichen Interesses. Endometriose ist eine gutartige chronische Krankheit, bei der sich Teile der Gebärmutterschleimhaut im Bauchraum ansiedeln und nicht nur extreme Menstruationsschmerzen und Schmerzen beim Geschlechtsverkehr verursachen, sondern auch in vielen Fällen Kinderlosigkeit.[3] Dazu kommt eine ganze Palette von Ursachen bei der Frau, die schon länger bekannt ist, wie Schädigungen der Eierstöcke und Eileiter, Infektionen und andere Erkrankungen, Chromosomenanomalien u. v. a. Manchmal werden auch psychische Ursachen genannt, doch sollte man mit Diagnosen in diesem Bereich besonders vorsichtig sein, weil sie gerne von selbst ernannten Hobbypsychologen und -psychologinnen beansprucht werden, um kinderlosen Paaren Schuldgefühle zu verursachen und ihr ohnehin schon beeinträchtigtes Selbstwertgefühl erheblich herabzusetzen. Auch von Selbstdiagnosen im psychischen Bereich ist – genau wie bei jeder anderen Ursachenforschung – abzuraten! Zunächst einmal sollten bei der Suche nach der Ursache für einen unerfüllten Kinderwunsch die Fachleute der medizinischen Fachabteilungen aufgesucht werden. Durchaus häufig kann die Ursache jedoch nicht ermittelt werden, so dass rein medizinisch auch keine Maßnahmen eingeleitet werden können. Alternativtherapeutische Maßnahmen – angefangen von Homöopathie bis hin zu Bachblütentropfen – können dann dem Gefühl entgegenkommen, „etwas machen zu wollen". Viele Paare entscheiden sich jedoch aus dem Bedürfnis heraus, etwas zu unternehmen und „weil das Angebot ja existiert", für die Inanspruchnahme reproduktionsmedizinischer Methoden.

Wieso eigentlich der Wunsch nach einem Kind?

Mit jedem Kind beginnt die Welt ganz neu. Hier wird ein Anfang gemacht, der all die Hoffnung und den Zauber in sich birgt, die Anfänge immer begleiten. Die Philosophin Hannah Arendt hat dies mit dem Begriff der „Natalität" (= Geburtlichkeit) ausgedrückt, der die Fähigkeit jedes Neuankömmlings auf dieser Welt zum Ausdruck bringt, auf unüberbietbare Weise seinen persönlichen Lebensfaden in die großen Netze des Lebens einzufädeln[4]. Ein neugeborenes Kind steht symbolisch für diese Möglichkeit des absoluten Neubeginns und so ist es kein Wunder, dass der Kinderwunsch Hand in Hand mit Phantasien und Sehnsüchten geht, die sich – wie alle Wünsche und Sehnsüchte – wenig an der Realität orientieren. So manches an diesem Wunsch würden Psychotherapeuten wohl als Projektion bezeichnen. Nichtsdestoweniger ist der Kinderwunsch vermutlich einer der bedeutendsten und tiefsten Wünsche, die

Menschen haben können. Er ist in gewissem Sinne die Sehnsucht nach dem Neuanfang der Welt im eigenen Leben. Natürlich gibt es weitere Gründe für den Kinderwunsch, und die folgende Liste beansprucht sicher keine Vollständigkeit und kann individuell fortgeführt werden: Da ist der Wunsch, Verantwortung zu übernehmen und etwas von dem weiterzugeben, was man selbst als wertvoll erlebt; da ist die Lust auf Zukunft, auf Neues, auf Entdeckungen aller Art und auf Abenteuer, die Lust auf Spiel und zweckfreie Freude. Wo in einer durchgestylten und durchgetakteten, oft zermürbenden westlichen Arbeitswelt lässt sich diese zweckfreie Freude noch erfahren? Kinder bringen Chaos und Anarchie ins Leben, aber eben auch neue Ideen, neue Entdeckungen und neue Ansichten. Sie kosten ihren Eltern den letzten Nerv, aber lehren sie viel über das Leben und über sich selbst. Gestresste Manager mögen teure Outdoor-Aktivitäten und Selbsterfahrungskurse buchen – Eltern bekommen dasselbe normalerweise gratis auf dem Spielplatz.

Insbesondere für Frauen spielt auch der Wunsch eine Rolle, sich selbst als „schwanger“ und damit als kreativ in einem nie gekannten Ausmaß zu erfahren. Ein verändertes Körpergefühl und die „Erdenschwere“ einer Schwangerschaft sowie das einmalige Gefühl, zumindest für einige Monate „Zwei-in-Einer“ zu sein, ist eine Erfahrung, die viele Frauen gerne machen möchten, vorausgesetzt, dass es ihnen gut geht und sie die Zeit der Schwangerschaft wirklich genießen können. Immer wieder berichten Frauen leider auch, dass sie als Schwangere zum ersten Mal wirklich explizit Beachtung und Zuwendung bzw. Respekt erfahren haben. Tatsächlich ist die Rolle der Mutter traditionell eine hochgeachtete Rolle, die manche Frau auf wohltuende Weise vergessen lässt, wie wenig *ge*achtet und *be*achtet sie als Nicht-Mutter in Familie und Arbeitsplatz war. Kinderlose Frauen gelten zumindest in der deutschsprachigen Welt nach wie vor häufig als „karrieregeil“ und machtbesessen und diese Beurteilung ändert sich leider nur langsam.

Angesichts der vielen Facetten des Kinderwunsches wird klar: Die Sehnsucht nach einem Kind ist nie ausschließlich nur der Wunsch nach einem Kind um des Kindes willen – sozusagen zu seinem eigenen

Wohl –, sondern selbstverständlich immer auch ein Wunsch der Eltern, der sich mit vielen anderen Wünschen verknüpft. Die Vorstellung, Kinder dürften ausschließlich nur um ihrer selbst willen gewollt werden, war und ist eine fromme Illusion. Früher wünschten sich auch in unseren Breitengraden Bauernfamilien viele Kinder, um für den anstrengenden Arbeitsalltag viele Helfer und im Alter eine Absicherung zu haben und der Wunsch nach Beistand im Alter spielt auch heute noch für viele Menschen eine Rolle, wenn sie sich Kinder wünschen.

Es gibt auch Motive für den Kinderwunsch, über die man durchaus nachdenken und diskutieren sollte: der Wunsch, eine kaputte Beziehung durch ein Kind zu kitten; der Wunsch, wenigstens *einen* Menschen zum Kuscheln zu haben; der Wunsch nach Macht und Kontrolle über jemanden, der zumindest zeitweise abhängig von den Erwachsenen ist; der Wunsch, ein kaputtes Selbstwertgefühl mithilfe der Selbstbestätigung durch ein Kind zu reparieren. Sich selbst solch fragwürdige Motive einzugestehen und die psychische Ursache für solche Impulse verstehen zu lernen, ist außerordentlich schwierig und ohne therapeutische Hilfe von außen fast unmöglich. Eine Klärung ist jedoch deshalb notwendig, weil ein kleiner Mensch weder Spielball noch Kuscheltier ist und – frei nach Kants Definition von Menschenwürde – nicht ausschließlich Mittel zum Zweck werden darf.

Mit solchen Gedanken verbunden ist eine wichtige Erkenntnis: Der Wunsch nach einem Kind ist nicht einfach vergleichbar mit anderen Wünschen. Es geht hier neben dem berechtigten Wunsch nach einem eigenen glücklichen Leben um eine weitere Person, die das eigene Leben zwar nachhaltig verändern wird, aber grundsätzlich auch ihrerseits und völlig berechtigt Ansprüche stellt und stellen *darf*. Diese Erkenntnis ist letztlich der Grund, weshalb man ethisch aus dem noch so großen *Wunsch* nach einem Kind noch kein *Recht* auf ein Kind ableiten kann.

Bevor diesem Gedanken aber nachgegangen werden soll, sei fürs Erste das Wohl von Paaren in den Blick genommen, die sich ein Kind wünschen. Wie zu Beginn dieses Kapitels gesagt: Der Wunsch nach einem

Kind ist ein tiefer und ernster Wunsch. Es gibt gute Gründe, ihm Priorität einzuräumen und die Ethik spricht nicht umsonst vom Kinderwunsch als einem „primordialen Wunsch", also einem Wunsch allererster Ordnung. „Sich Kinder wünschen" ist etwas anderes als „sich gut kleiden wollen" oder „immer etwas Gutes zu essen haben". Der Kinderwunsch verweist auf tiefe Bedürfnisse, die vermutlich allen Menschen unabhängig von ihrer Kultur oder Herkunft eigen sind: Ein Kind verleiht einer Liebesbeziehung buchstäblich Ausdruck, lässt sie gewissermaßen Fleisch und Blut werden. Es bestätigt eine Liebesbeziehung und übersteigt sie gleichzeitig auf eine weitere Person hin; ein Kind verbindet die Reihe der Generationen und lässt seine Eltern zum Glied in der langen Kette des Lebens werden, die sich vom Gestern nach Morgen spannt; in einem Kind bleibt auf der Welt etwas von seinen Eltern zurück, auch wenn diese schon lange nicht mehr da sind. Es schenkt dem eigenen vergänglichen Leben daher einen tiefen Sinn, der in den Mühen des Alltags oft selten aufblitzt, aber nichtsdestotrotz vorhanden ist und von jedem, der sich Kinder wünscht, erahnt wird. So gesehen ist der Kinderwunsch in gewissem Sinne Ausdruck des Wunsches nach Unsterblichkeit.

Angesichts des bisher Gesagten ist es kein Wunder, dass Paare, die sich aus ganzem Herzen ein Kind wünschen und keines bekommen, in eine schwere und umfassende Krise geraten können, die an den Tiefen der Existenz rütteln kann. Sie betrifft die eigene psychische und möglicherweise auch physische Gesundheit und hat Auswirkungen sozialer und letztlich sogar spiritueller Art.

Eine besondere Schwierigkeit stellt dabei die Tatsache dar, dass sich die Erinnerung an den unerfüllten Kinderwunsch zumindest bei Frauen sozusagen körperlich im Takt einstellt. Die allmonatlichen Schmerzen der Menstruation erinnern in sehr eindrücklicher Weise an die nach wie vor existierende Leere im Bauch. Viele Ratgeber und Websites berichten von der Verzweiflung von Frauen, sich immer wieder aufs Neue bei der monatlichen Blutung dem Entrinnen des Lebens stellen zu müssen. Tatsächlich: Die Erfahrung ungewollter Kinderlosigkeit ist vergleichbar mit einer immer wiederkehrenden Erfahrung des Todes, ist die Erfahrung des „Nichts", dem die meisten Menschen in ihrem Leben normalerweise und mit gutem Grunde sehr gerne aus dem Weg gehen. Wo „etwas" sein sollte, ist „nichts". Wo neues Leben wachsen sollte, wächst nichts.[5] Die Pläne für ein schönes Leben mit einer Familie platzen alle vier Wochen erneut wie eine Seifenblase. Übrig bleiben Ohnmacht, Frustration, manchmal auch Zorn auf sich selbst und auf den Partner: Warum funktioniert nicht, was doch angeblich die natürlichste Sache der Welt ist? Wer ist schuld, er oder sie oder beide? Soll man oder frau „es" einmal mit einem anderen Partner/einer anderen Partnerin ausprobieren? Und: Warum bekommen Leute Kinder, die offensichtlich dazu völlig ungeeignet sind? Leute, die ihre Kinder quälen und missbrauchen? Warum man selbst nicht? Gibt es irgendwelche verborgenen Ursachen – einen Gendefekt in der Familie, einen Defekt in der eigenen Psyche? Die Suche nach der Ursache kann qualvolle und selbstzerstörerische Züge annehmen.

Vor allem Frauen berichten von zunehmendem Zorn und sogar Hass auf den eigenen Körper: Wieso kann dieser Körper, in dem man sich bisher durchaus zuhause gefühlt hat, einem anderen kleinen Körper keinen Schutz und Geborgenheit bieten? Man bereitet sich doch auf die Möglichkeit einer Schwangerschaft vor, ernährt sich gesund, treibt Sport usw.? Wieso verweigert er eine Schwangerschaft und spült Monat für Monat nutzlose Keimzellen aus? Stimmt etwas nicht mit ihm? Liegt es etwa an der Beziehung, die zu Unfruchtbarkeit verdammt scheint?

Partnerschaften werden durch den unerfüllten Kinderwunsch in erheblichem Maße belastet und auf die Probe gestellt. Dies betrifft auch das Sexualleben von Paaren. Wo früher Intimität, Zärtlichkeit und Lust herrschten, regieren jetzt diverse Methoden und Instrumente der Fruchtbarkeitsmessung. Genauestens wird die Zeit des Eisprungs bestimmt, und selbstverständlich ist „Sex nach Plan" nun an der Tagesordnung. Spontaneität ist hier ebenso wenig möglich wie die Erlaubnis zu Lustlosigkeit. Alles wird dem Diktat des Eisprungs untergeordnet. Sollte es „wieder nicht geklappt haben", regieren Selbstbeschimpfung oder Zorn auf den anderen.

Meist errät die nähere Umgebung kaum, welches Drama sich hier abspielt, denn Paare mit unerfülltem Kinderwunsch reden nur selten über ihre Probleme und ziehen sich oft zunehmend zurück. Sie meiden Familienfeste, Kindergeburtstage anderer Kinder, manchmal sogar Schulen, Kindergärten, Spielplätze und Schwimmbäder. In der Psychologie wird heute diskutiert, inwiefern solche Reaktionen auf einen unerfüllten Kinderwunsch noch im Bereich einer erheblichen, aber doch nachvollziehbaren Trauerreaktion liegen oder ob sie als wirklich pathologisch und damit als medizinisch behandlungsbedürftig bewertet werden sollen. So existieren in der Literatur Versuche, ein „Child-at-all-cost-Syndrom" anhand bestimmter Kriterien zu beschreiben, doch stellt sich die Frage, ob depressive Verstimmungen, sexuelle Unlust und sozialer Rückzug nicht einfach Formen der tiefen Trauer sind, die angesichts der oben beschriebenen Erfahrungen leicht nachvollziehbar sind. In der Hightechwelt Mitteleuropas und Amerikas fällt es vielen Menschen zunehmend schwer, mit Nichtgelingendem umzugehen.

Auch wenn man derartigen Debatten also skeptisch gegenübersteht, macht diese Diskussion doch deutlich, dass viele Paare mit dem unerfüllten Wunsch nach einem Kind kämpfen und Unterstützung bräuchten – nicht unbedingt in jedem Fall von einem Therapeuten, aber zumindest von guten Freunden, Bekannten und Verwandten. Die meisten Paare, die irgendwann über ihr Problem sprechen lernen, machen die Entdeckung, dass viele Menschen in ihrer Umgebung durchaus verständnisvoll und diskret reagieren. Allerdings gibt es auch die Spezies der „wohlmeinenden" Ratgeber und Ratgeberinnen, die mit Artikeln aus Frauenillustrierten, ungebetenen Einschätzungen der Situation und zweifelhaften erotischen Unterwäsche-Geschenken die Lage eher verschlimmern als verbessern. Es bleibt also immer ein gewisses Risiko, wenn Paare sich als „unfreiwillig kinderlos" outen, so wie letztlich jeder Mitteilung über sich selbst immer ein gewisses Risiko anhaftet, vor allem, wenn es eine Mitteilung über die eigenen Schmerzen und Verwundungen ist. Wem man seine Situation anvertraut, dafür gibt es letztlich kein Patentrezept.

In einer besonderen Situation befinden sich Paare, für die ihre Religion eine große Rolle spielt. Alle Religionen der Welt betonen die Bedeutung von Kindern, so auch das Christentum. Zumindest bei einer katholischen Trauung ist dezidiert in der Liturgie die Rede von den „Kindern, die Gott euch schenken will". Was aber, wenn Gott offensichtlich *keine* Kinder schenken will? Die theologische schöne und sinnvolle Rede vom Geschenkcharakter des Lebens, die implizit und zu Recht Kritik an menschlichem Machbarkeitswahn enthält, kann hier unter Umständen vollkommen unbeabsichtigt eine destruktive Wirkung entfalten und zu einer tiefen spirituellen Krise führen. Die zumindest in den christlichen Kirchen häufig vorhandene pastorale Fixierung auf das Ideal der Familie und Elternschaft kann diese Krise unter Umständen noch verstärken. Mutter-Kind-Kreise, Krabbelgruppen, Familiengottesdienste und Mutter- bzw. Vatertagszeremonien machen unfreiwillig (und übrigens auch freiwillig) kinderlose Paare sehr schnell zu Außenseitern und Außenseiterinnen in der christlichen Gemeindewelt und tragen damit ungewollt zu ihrer sozialen Isolation bei. Mehr Sensibilität in Liturgie und Pastoral wäre gefragt.

Allerdings betrifft das Problem nicht nur das Christentum. Alle großen etablierten Religionen sind mit der Tatsache konfrontiert, dass es eine wachsende Anzahl von Menschen gibt, die – unfreiwillig oder auch ganz freiwillig – ein Leben *ohne* Kinder führen oder auch nach neuen Formen des familiären Miteinanders suchen, sich aber nach wie vor als Mitglieder ihrer Kirche oder ihrer religiösen Gemeinschaft begreifen. Hier sind derzeit gesellschaftliche Transformationsprozesse im Gange, die in ihrer Wirkung auf etablierte Religionen noch gar nicht absehbar sind. Die individuelle Vielfalt von Lebensformen wächst und angesichts des neuen Kunterbunts an Lebensentwürfen und Familienkonstellationen sind Religionen gefordert, auch in ihren jeweiligen ethischen Systemen Antworten zu finden, die jenseits fundamentalistischer Verengungen liegen.

2. REPRODUKTIONSMEDIZIN ALS LÖSUNG?

Angesichts der im Freundeskreis auf die Welt purzelnden Babys ist es für Paare mit unerfülltem Kinderwunsch niemals leicht, ihre unerfüllte Sehnsucht zu bewältigen und ihre Kinderlosigkeit nach und nach akzeptieren zu lernen. Schließlich hat das Leben *ohne* Kinder durchaus seinen ganz eigenen Reiz: Zeit füreinander und für Freunde, beruflicher Erfolg und Anerkennung, ein größerer finanzieller Spielraum, mehr Freizeit und weniger Sorgenfalten durch schlaflose Nächte – dies alles kann irgendwann einmal tatsächlich über die Trauer hinweghelfen, so dass unfreiwillig kinderlose Paare ihr Leben wieder als gelingend und sinnerfüllt erfahren können. Diese Möglichkeit soll hier – zu Beginn des Kapitels über das Angebot der Reproduktionsmedizin – bewusst an erster Stelle erwähnt werden, einfach deswegen, weil sie so oft vergessen wird. Angesichts des Angebots der Reproduktionsmedizin und ihrer hohen gesellschaftlichen Akzeptanz ist es gar nicht leicht, diesen anderen Weg zu gehen. Doch er existiert und Paare bzw. Frauen berichten, dass sie auch *ohne* Kinder in ihrem Leben sehr glücklich geworden sind. Auf diesen Weg wird zurückzukommen sein.

Das Angebot der Reproduktionsmedizin ist allerdings tatsächlich durchaus verlockend. Websites von Kinderwunschambulanzen überschlagen sich mit Erfolgsmeldungen geglückter Schwangerschaften und Fotos von glücklichen Babys. Auch in der breiten Öffentlichkeit gilt der Gang in die Kinderwunschambulanz mit einer meist daran anschließenden IVF-Behandlung mittlerweile als die einzig mögliche Antwort auf unfreiwillige Kinderlosigkeit. Die immer wieder heftig geführte Debatte um die ökonomischen Auswirkungen der spärlichen Geburtenraten auf das Pensionssystem tut ihr Übriges: Der Vorwurf des sozialen

Schmarotzertums, den kinderlose Paare immer wieder indirekt oder direkt über die Medien zu hören bekommen, trifft unfreiwillig Kinderlose an ihrer empfindlichsten Stelle.

In Deutschland haben im Jahr 2012 47.807 Frauen künstliche Befruchtungsmethoden außerhalb des Körpers (die sog. extrakorporale Befruchtung) und damit die Methoden der sog. ART („Assisted Reproductive Techniques"), also Reproduktionsmedizin, in Anspruch genommen.[6] Damit sind die Zahlen im Vergleich zu den vergangenen zwei Jahren in etwa konstant (im Jahr 2010 waren es 47.159 Frauen). Von 1997 bis 2011 sind in Deutschland insgesamt 172.993 Kinder dokumentiert, die durch die Anwendung der Reproduktionsmedizin zur Welt gekommen sind.[7]

In Österreich wurden laut dem Jahresbericht der österreichischen IVF-Gesellschaft von 2012 insgesamt 7196 IVF-Versuche bei 5099 Paaren durchgeführt. Damit ist die Tendenz in den letzten Jahren steigend. Es konnten 1861 Schwangerschaften erzielt werden.[8]

In der Schweiz ließ sich im Jahr 2011 eine vergleichbare Anzahl an Paaren mit IVF behandeln, nämlich 6350 Paare. Rund 10.800 Behandlungszyklen wurden begonnen. Daraus entstanden 2350 Schwangerschaften, die zu 1715 Geburten mit 2006 lebendgeborenen Kindern führten.[9]

Was verbirgt sich hinter dem Kürzel „IVF", was unternimmt die Medizin gegen Infertilität und welche rechtlichen Rahmenbedingungen hat sie dabei zu beachten? Im Folgenden können die einzelnen Methoden der künstlichen Befruchtung bzw. der medizinisch-assistierten Fortpflanzung und ihre rechtlichen Rahmenbedingungen nur grob dargestellt werden. Für genauere medizinische Informationen sei auf Kinderwunschabteilungen verwiesen, die sich heute in vielen großen Krankenhäusern finden. Aktualisierte rechtliche Informationen lassen sich problemlos über die Websites der jeweiligen Bundesregierungen finden.

Methoden, Erfolg und Risiken der Reproduktionsmedizin

Nachdem Robert G. Edwards und Patrick C. Steptoe im Jahr 1978 das erste Mal mit einer *In-vitro-Fertilisation* – einer Befruchtung im Reagenzglas – erfolgreich waren und Louise Joy Brown als erstes „Retortenbaby“ in England das Licht der Welt erblickte, ist die *IVF* mit anschließendem Embryonentransfer (*IVF/ET*) eine Erfolgsgeschichte geworden. Mittlerweile schätzt man die weltweite Zahl der durch IVF gezeugten Kinder auf mehrere Millionen.

Bei der IVF wird durch Hormongaben die Reifung einer möglichst hohen Anzahl von Eizellen angeregt, die der Frau dann normalerweise ultraschallkontrolliert und durch die Vagina entnommen werden. Je nach Reifegrad der Eizellen wird nach einigen Stunden die Befruchtung mit Sperma durchgeführt. Das Sperma wird vorher durch Masturbation oder auch durch eine Hodenpunktion gewonnen. Unter Zugabe eines Kulturmediums werden Eizellen und Samenzellen zusammengebracht. Etwa 16 bis 20 Stunden nach der Befruchtung werden die Eizellen unter dem Mikroskop auf das Vorhandensein von Vorkernen untersucht (*Pronukleus*-Stadium). Danach werden – entsprechend den rechtlichen Vorgaben in Österreich, Deutschland und der Schweiz – maximal drei *Zygoten* (befruchtete Eizellen) weiter kultiviert, während alle weiteren Zygoten im Pronukleus-Stadium *kryokonserviert*, d. h. „tiefgefroren“ werden.

40 bis 48 Stunden später befinden sich die ausgewählten ein bis drei befruchteten Eizellen im Vier- bis Acht-Zell-Stadium und werden mit einem Katheter durch die Vagina in die Gebärmutter transferiert. Wenigstens *ein* Embryo – so hofft man – nistet sich sodann in der Gebärmutter ein, so dass es zu einer Schwangerschaft kommt. Viele IVF-Zentren bieten die Einpflanzung des Embryos heute erst später an, nämlich im sog. *Blastozysten*-Stadium, also ca. am 5. oder 6. Tag der embryonalen Entwicklung. Reproduktionsmediziner machen geltend, dass in diesem Stadium bereits deutlicher als vorher erkennbar ist, welche der Embryonen bessere Überlebenschancen haben und welche nicht. Dadurch

wird es möglich, einen einzigen Embryo zu transferieren und nicht – wie bisher – maximal drei. Bei mehreren Embryonen ist das Risiko einer riskanten Mehrlingsschwangerschaft nämlich hoch und mit erheblichen Gesundheitsrisiken für Mütter und Kinder verbunden. IVF-Zentren arbeiten dementsprechend auf den Transfer eines einzigen Embryos hin.

Als besonders erfolgreiche Methode der IVF gilt die sog. *ICSI*, die *Intracytoplasmic Sperm Injection*. Bei dieser 1992 erstmals beschriebenen Methode werden die Samenzellen nicht nur – wie bei der IVF – mit der Eizelle zusammengebracht, sondern es wird eine einzelne Samenzelle unter einem Spezialmikroskop mittels einer Mikropipette direkt in die Eizelle injiziert. Diese Methode kommt vor allem bei andrologisch bedingten Infertilitätsstörungen – durch den Mann verursachte Infertilitätsstörungen – zum Einsatz oder wenn mehrere IVF-Versuche ergebnislos geblieben sind. Die sog. *IMSI* (*Intracytoplasmic Morphologically Selected Sperm Injection*) setzt dabei heute auf eine noch genauere Untersuchung und Auswahl der Samenzelle durch eine verfeinerte Mikroskopiertechnik.

Es gibt neben IVF und ICSI/IMSI noch weitere Methoden der Reproduktionsmedizin, die je nach Fertilitätsstörung bei Mann oder Frau ebenfalls angewendet werden, nämlich die *intrauterine Insemination* (*IUI*), bei der ausgewählte Samenzellen direkt in die Gebärmutterhöhle eingebracht werden, und der *intratubare Gametentransfer* (*GIFT*). GIFT ist eine Mischform von IVF und Insemination (Samenübertragung). Der Befruchtungsvorgang selbst geschieht nicht außerhalb des Körpers, sondern aufbereitetes Sperma wird samt der Eizelle in den Eileiter eingebracht, wo die eigentliche Befruchtung erfolgt.

Die Erfolgsraten der Reproduktionsmedizin können sehr unterschiedlich beurteilt werden: Erstens handelt es sich bei der Angabe für jede Methode um Durchschnittswerte, die zunächst relativ wenig aussagen. Zweitens wird normalerweise auf den Websites der Reproduktionskliniken die klinische Schwangerschaftsrate angegeben. Eine „*klinische* Schwangerschaft“[10] ist der Nachweis einer bestehenden Schwangerschaft durch Ultraschall, wobei hier bereits in Österreich, Deutschland und in der Schweiz unterschiedliche medizinische Auffassungen über die genauen Kriterien zur Feststellung einer klinischen Schwangerschaft vorliegen, so dass die Erfolgsbilanzen je nach Definition anders ausfallen können und der direkte Vergleich zwischen den drei Ländern durchaus schwierig ist.[11]

Im deutschen IVF-Register wird in einer Kurzstatistik der Ergebnisse des Jahres 2012 für die IVF/ICSI eine klinische Schwangerschaftsrate von 35,78 Prozent angegeben.[12] Auch in Österreich spricht der Jahresbericht der IVF-Gesellschaft im Jahr 2012 von einer Schwangerschaftsrate um die 30 Prozent (genau: 31,3 Prozent).[13]

Unter dem Druck zahlreicher kritischer Publikationen und medialer Aufklärung finden sich heute auf den offiziellen Websites der Bundesregierungen manchmal Verweise auf die für die Paare eigentlich bedeutsame Zahl, nämlich die sog. „*Baby-Take-Home-Rate*", die beantwortet, ob die Schwangerschaft auch wirklich zur Geburt eines Kindes geführt hat. Sie ist deutlich niedriger als die klinische Schwangerschaftsrate. Laut deutschem IVF-Register von 2012 führte nämlich nur knapp die Hälfte aller klinischen Schwangerschaften, nämlich 49,68 Prozent, zur Geburt eines Kindes. Berechnet man daher den Erfolg der IVF-/ICSI-Behandlung insgesamt, so beträgt die Baby-Take-Home-Rate tatsächlich nur 17,8 Prozent. Sie ist allerdings ein Durchschnittswert, der bei Berücksichtigung anderer individueller Faktoren wie beispielsweise dem Alter der Schwangeren entweder durchaus noch niedriger oder auch höher sein kann. In jedem Fall sollte also sehr genau nachgefragt werden, wie hoch die Chance auf ein Kind tatsächlich ist!

Ebenfalls lohnend ist die Erkundigung nach gesundheitlichen Risiken der reproduktionsmedizinischen Technologien. Die Websites der Anbieter von Reproduktionsmedizin erwecken meist den Eindruck, dass sämtliche Methoden ohne jede Nebenwirkungen durchgeführt werden können und völlig harmlos sind. Seriöse Anbieter werden allerdings darauf hinweisen, dass es bei allen Methoden zu unerwünschten Nebenwirkungen kommen kann: Am häufigsten genannt wird die

Überstimulation, die durch die hormonelle Anregung der Bildung möglichst vieler Eibläschen, der sog. Follikel entsteht. Eine Größenzunahme der Eierstöcke, Zystenbildung, Druckgefühl im Unterbauch sowie die Einlagerung von Körperflüssigkeiten im Bauchraum oder sogar in der Lunge können die Folge sein. Über Verletzungen und Infektionen durch die Punktionen ist ebenfalls berichtet worden.

Ein auch von Reproduktionsmedizinern genanntes und bereits erwähntes Risiko sind die zahlreichen Zwillings- oder Drillingsgeburten sowie die vorhergehenden Risikoschwangerschaften und Risikogeburten, die nicht nur gesundheitlich weder für Mutter noch Kinder wünschenswert sind, sondern auch medizinethische Probleme gravierendster Art mit sich bringen können wie beispielsweise den Fetozid, die Tötung des Ungeborenen noch im Mutterleib. Die medizinische Diskussion über die Notwendigkeit des Fetozids in dieser oder jener Situation der Schwangerschaft stellt in gewissem Sinne die Schattenseite des Fortschrittsoptimismus dar, welcher in der Reproduktionsmedizin vorherrscht. Das an dieser Stelle herrschende Tabu in Medizin und Gesellschaft spricht für sich.

Auch bezüglich der Risiken für das bereits geborene Kind schweigen sich die Websites der Reproduktionsmedizin gerne aus. Insbesondere bei IVF und ICSI wird immer wieder über das erhöhte Risiko der Geburt eines Kindes mit Behinderung diskutiert: Angestoßen wurde die Diskussion im Jahr 2002, als Forscher im renommierten „New England Journal of Medicine" festgestellt hatten, dass Kinder, die durch IVF bzw. ICSI auf die Welt kamen, ein doppelt so hohes Risiko auf eine schwere Behinderung aufwiesen wie auf natürliche Weise entstandene Kinder.[14] Tatsächlich stellte sich die Frage, ob hier nicht durch die ICSI ein natürlicher Verhinderungsmechanismus von genetisch bedingten Erkrankungen umgangen wird. Allerdings ist nicht klar, warum genau es durch ICSI zu einer höheren Behinderungsrate kommt. Ist es wirklich die Methode selbst, die dazu führt oder die Tatsache, dass ICSI häufig bei älteren infertilen Paaren angewandt wird, bei denen das Risiko der Geburt eines Kindes mit Behinderung sowieso erhöht ist?

Seit 2002 wurden zur Frage der Behinderung durch ICSI oder IVF zahlreiche Studien in vielen verschiedenen Ländern durchgeführt, die u. a. das Risiko neurologischer Erkrankungen, mentaler Retardierung und Sehstörungen nennen.[15] Die Durchführung dieser Studien ist u. a. nicht zuletzt deswegen so schwierig, weil Behinderungen häufig erst im Schulalter festgestellt werden, so dass ein direkter Zusammenhang oft schwer bis gar nicht nachweisbar ist. Nach wie vor ist auch unklar, ob die eigentliche Ursache der festgestellten Behinderungen an der jeweiligen Methode selbst oder an anderen Faktoren liegt. Zumindest für die ICSI dürfte jedoch das Risiko einer mentalen Retardierung aber tatsächlich erwiesenermaßen deutlich höher sein, wie zumindest das renommierte deutsche Ärzteblatt feststellt. Dies scheint vor allem dann der Fall zu sein, wenn die Spermien durch Hodenpunktion gewonnen werden, was bei schweren Fällen von männlicher Infertilität zur Anwendung kommt.[16]

Auch wenn hier keiner Panikmache das Wort geredet werden soll, so muss doch darauf hingewiesen werden, dass die Reproduktionsmedizin ein boomendes Geschäft ist. Bei allem Respekt vor der persönlichen Integrität einzelner Reproduktionsmediziner und ihrem Einsatz für die Erfüllung des unerfüllten Kinderwunsches sollte dies nicht vergessen werden. Grundsätzliche Skepsis ist also durchaus eine empfehlenswerte Einstellung, bevor man sich einer IVF-Behandlung unterzieht. Die soeben aufgezählten Risiken für Mutter und Kind sollen nicht Angst verursachen. Sie sollen aber im Sinne einer umfassenden Aufklärung zu mehr Mündigkeit bei der Entscheidung führen. Ein Blick in diverse Internetforen zeigt, dass Paaren mit unerfülltem Kinderwunsch die Möglichkeit einer lebenslangen Behinderung eines Kindes sehr wohl bewusst ist, dass sie Angst vor dieser Möglichkeit haben und sich gerne mit der Information trösten, dass das Risiko im jeweiligen Fall „äußerst gering“ sei. Was jedoch, wenn man selbst eben doch von diesem äußerst geringen Risiko betroffen ist?

Die Frage, wie ein Paar mit einer möglichen Behinderung eines Kinds umgeht, ist eine schwierige Frage, doch sollte sie grundsätzlich bereits *vor* einer Schwangerschaft einmal thematisiert worden sein und zwar in *jedem* Fall – nicht nur vor einer IVF-Behandlung. Wer diese Auseinandersetzung unter großem Druck in der Schwangerschaft selbst führen muss, erfährt sie als fast unerträgliche Belastung und als Stressfaktor, der sich letztlich sogar negativ auf das ungeborene Kind auswirken kann. Therapeutinnen und Medizinerinnen berichten von vielen sehr angstbesetzten IVF-Schwangerschaften, deren Stress sich auch auf das ungeborene Kind und später auf das Neugeborene auswirkt.[17] Auch der nachträgliche Befund einer schweren Behinderung von IVF- oder ICSI-gezeugten Kindern kann Eltern lebenslange Schuldgefühle verursachen. Es heißt also der Möglichkeit einer Behinderung eines Kindes ins Auge zu blicken, auch wenn dies der Euphorie des Kinderkriegens die Flügel stutzen kann. Eine seriöse Aufklärung und individuelle Risikoabschätzung ist in der Reproduktionsmedizin genauso unumgänglich wie bei allen anderen medizinischen Methoden und unbedingt dort einzufordern, wo sie nicht von selbst erfolgt. Eine psychosoziale Beratung vor der Inanspruchnahme von IVF ist also in jedem Fall dringend anzuraten.

Rechtliche Rahmenbedingungen in Österreich, der Schweiz und Deutschland

Deutschland, Österreich und die Schweiz haben relativ ähnliche rechtliche Rahmengesetzgebungen zur Regelung der assistierten Fortpflanzungshilfe. In allen drei Ländern existiert nach wie vor das „*heterosexuelle System*", d. h. dass die Methoden der Reproduktionsmedizin grundsätzlich verschieden geschlechtlichen Partnerschaften vorbehalten sind. Allerdings wird in beiden Ländern derzeit diskutiert, ob das auch so bleiben soll. Die Begriffe von dem, was „Familie" ist und wer sich als solche bezeichnen darf, sind dabei sich zu verschieben. Damit einher geht die Notwendigkeit, neu zu definieren und zu überlegen, wer eine Familie gründen darf und wer nicht. Die Methoden der Reproduktionsmedizin eröffnen bis dato unbekannte neue Möglichkeiten, deren

Ausgang heute noch völlig offen ist und die von daher gesehen in gewissem Sinne experimentellen Charakter haben.

Auf dem Spiel steht jedoch viel: das Glück und das Wohl von heterosexuellen und homosexuellen Paaren, aber vor allem auch das Glück und das Wohl von Kindern. In einem der folgenden Kapitel werde ich auf diese ethische Problematik zurückkommen. Fürs erste gilt es hier, die rechtlichen Rahmenbedingungen grob zu skizzieren.

In Österreich regelt seit 1992 das sog. Fortpflanzungsmedizingesetz[18] die „Anwendung medizinischer Methoden zur Herbeiführung einer Schwangerschaft auf andere Weise als durch Geschlechtsverkehr", wie in § 1 zu lesen ist. Eine medizinisch unterstützte Fortpflanzung ist nach derzeit geltendem Recht nur in einer Ehe oder in einer Lebensgemeinschaft von Personen verschiedenen Geschlechts möglich [§ 2 (1)]. Außerdem dürfen nur die Eizellen oder die Samen der Ehegatten oder Lebensgefährten verwendet werden – mit einer Ausnahme: Für die Insemination, d. h. dem Einbringen von Samen in die Geschlechtsorgane der Frau, ist auch die Verwendung des Samens eines Dritten möglich. An dieser Stelle sind also die rein *homologen* (griech. „gleich") Formen der medizinisch assistierten Fortpflanzung bereits um eine *heterologe*[19] (griech. „der andere") Form erweitert worden. Weiter dürfen nach § 3 (3) Eizellen und entwicklungsfähige Zellen nur bei der Frau verwendet werden, von der sie stammen. Eizellspenden von einer anderen Frau sind damit nach österreichischem Recht derzeit verboten. Indirekt verboten ist weiter die Verwendung von entwicklungsfähigen Zellen für andere Zwecke als für medizinisch unterstützte Fortpflanzung, damit also auch die Forschung an embryonalen Stammzellen (§ 9). Von § 10 war bereits im vorigen Kapitel die Rede, insofern das Fortpflanzungsmedizingesetz bestimmt, dass „bei der Vereinigung von Eizellen mit Samenzellen außerhalb des Körpers einer Frau [...] nur so viele Eizellen befruchtet werden, wie nach dem Stand der medizinischen Wissenschaft und Erfahrung innerhalb eines Zyklus für eine aussichtsreiche und zumutbare medizinisch unterstützte Fortpflanzung notwendig sind." In der österreichischen Praxis sind dies ein bis drei Eizellen. § 17 regelt die

Aufbewahrung der Samen und Eizellen durch *Kryokonservierung* (griech. kryo = „Kälte"), die bis maximal zehn Jahre in einer Krankenanstalt aufzubewahren sind. Die Aufbewahrung ist vor allem dann interessant, wenn Frauen oder Männer durch eine ernsthafte Erkrankung bzw. deren Behandlung an der Herbeiführung einer Schwangerschaft gehindert werden, sich zu einem späteren Zeitpunkt aber ihren Kinderwunsch gerne erfüllen würden, § 2 (3).

Diese ausschnitthafte Betrachtung der Grundpfeiler des Fortpflanzungsmedizingesetzes werfen bereits erste Fragen auf: Warum darf bei einer Insemination der Samen eines Dritten verwendet werden, bei einer IVF aber nicht? Warum ist Samenspende zumindest bei der Insemination kein rechtliches Problem, eine Eizellspende aber schon? Wichtige Fragen wie beispielsweise die oben beschriebene Selektion der embryonalen Zellen im Blastozysten-Stadium oder auch die sog. *Präimplantationsdiagnostik* (*PID*), die in Deutschland für langjährige Debatten gesorgt hat, werden gar nicht erwähnt. Was ist mit der medizinisch unterstützten Fortpflanzung außerhalb der Ehe und außerhalb eheähnlicher Lebensgemeinschaften? Werden schwule und lesbische Paare nicht diskriminiert, indem man ihnen rechtlich untersagt, IVF mit Samenspende oder Eizellspende in Anspruch zu nehmen? Der Europäische Gerichtshof für Menschenrechte (EGMR) hat nach der Klage zweier lesbischer Paare Österreich 2010 für das Verbot von Eizell- und Samenspenden bei der IVF jedenfalls kritisiert, dass Österreich gegen das Diskriminierungsverbot und auf das Recht auf Achtung des Familienlebens verstoße, wie es die Europäische Menschenrechtskonvention in Artikel 14 und 8 beschreibt.

Auch wenn dieses Urteil 2011 von der Großen Kammer des EGMR *nicht* bestätigt wurde, war dieses Verfahren doch der Anlass, die Bioethikkommission des österreichischen Bundeskanzlers mit einer fälligen Überarbeitung des Fortpflanzungsmedizingesetzes zu beauftragen, die dem aktuellen Stand der Diskussion sowohl in der Medizin als auch in der Gesellschaft Rechnung trägt. Eine Mehrheit von 15 Mitgliedern der Bioethikkommission hat in einer Stellungnahme vom 2. Juli 2012[20] folgende Empfehlungen ausgesprochen: Sie empfiehlt eine (1) Zulassung der Samenspenden auch für IVF-Behandlungen; (2) eine Zulassung der Eizellspende für Frauen innerhalb der biologisch-reproduktiven Phase, bei denen medizinische Probleme an den Eierstöcken vorliegen. Jenseits der Menopause soll allerdings keine Eizellspende möglich sein. Rechtliche Rahmenbedingungen wie ein klares Gewinnverbot sollen weiterhin verhindern, dass Eizellspenden kommerziell betrieben werden. (3) Der Zugang zur Fortpflanzungsmedizin sollte sowohl für alleinstehende Frauen als auch für lesbische Paare geöffnet werden. Schwulen Paaren, die zur Fortpflanzung eine Leihmutter benötigen würden, soll die Möglichkeit der Adoption eines Kindes eröffnet werden, denn eine Legalisierung der Leihmutterschaft kann sich auch die Bioethikkommission nicht vorstellen. Zentrales Argument ist hier der Schutz der Frau vor dem rechtlichen Anspruch auf die Herausgabe des Kindes, die in den USA zu zahlreichen Prozessen geführt hat. Die Mehrheit der Bioethikkommission befürwortet außerdem die Legalisierung der Embryonenspende und die Zulassung der Präimplantationsdiagnostik (PID), die gleich noch Thema sein wird.

Sechs Mitglieder der Bioethikkommission, darunter die Vertreter und Vertreterinnen der katholischen Position, vertreten eine abweichende Auffassung und machen auf folgende Aspekte aufmerksam: Das Menschenwürdegebot umfasst nicht nur den Embryo im Leib der Frau, sondern auch den Embryo in vitro, d. h. sozusagen im Reagenzglas oder im Gefrierschrank. Es geht also nicht nur um das Wohl geborener Kinder, sondern auch um das Wohl von Ungeborenen. Dementsprechend sollte die Kryokonservierung von Embryonen vermieden und durch die Kryokonservierung von Eizellen ersetzt werden. Am Verbot der verbrauchenden Embryonenforschung soll festgehalten und der Import von embryonalen Stammzellen ausdrücklich verboten werden. Weiter wird verlangt, die Forschung zu den Ursachen ungewollter Kinderlosigkeit auszubauen und politische Anreize für die Vorverlagerung des Kinderwunsches geschaffen werden.

Die Vertreter und Vertreterinnen der abweichenden Auffassung betonen deutlich die Notwendigkeit der Beibehaltung des homologen Systems bei der Fortpflanzung und befürworten daher eine Beibehaltung des Verbots der Eizellspende sowie eine verbesserte Kontrolle der Vermittlung von Samen. Kinder hätten außerdem ein Recht darauf, ihre biologischen bzw. genetischen Eltern zu kennen, eine Auskunftspflicht müsse diskutiert werden. Das homologe System sowie das traditionell heterosexuelle Familienmodell von Mann und Frau wahre das Wohl des Kindes letztlich besser, weil es eine Aufspaltung der Elternschaft vermeide und für klare Verhältnisse sorge. Außerdem sei das Wohl des Kindes in einer emotional stabilen Beziehung eines verschieden geschlechtlichen Paares besser gewährleistet. Es ist beim Stand der Abfassung des Buches offen, wie die Diskussion ausgeht und ob der Gesetzgeber wirklich den Empfehlungen der Mehrheit der Bioethikkommission folgt. Auf die ethischen Debatten, die hier bereits anklingen, wird im folgenden Kapitel zurückzukommen sein.

Ein Vergleich mit dem Schweizer Fortpflanzungsmedizingesetz von 1998[21] zeigt manche Ähnlichkeiten: Auch in der Schweiz dürfen Fortpflanzungsverfahren nur bei gemischtgeschlechtlichen Paaren angewendet werden und zwar ausdrücklich nur dann, wenn „das Kindeswohl gewährleistet ist“ (Art 3.1) – ein Grundsatz, der dem Gesetz vorangestellt wird und dadurch als oberster Grundsatz der Fortpflanzungsmedizin in der Schweiz starke Betonung erfährt. Samenspende ist wie in Österreich möglich, Eizell- und Embryonenspende sowie die Leihmutterschaft sind gesetzlich explizit verboten. Auch die Erzeugung eines Embryos zu einem anderen Zweck als zur Herbeiführung einer Schwangerschaft ist verboten. Wie in Österreich dürfen auch in der Schweiz maximal drei befruchtete Eizellen innerhalb eines Zyklus zu Embryonen entwickelt werden, um riskante Mehrlingsschwangerschaften zu vermeiden. Eine Konservierung von befruchteten Eizellen darf im Regelfall die Dauer von fünf Jahren nicht überschreiten. Die Konservierung von Embryonen ist dagegen verboten. Interessant ist an dieser Stelle die für die Schweiz typische Unterscheidung zwischen der sog. „imprägnierten Eizelle“, die befruchtete Eizelle *vor* der Kernverschmelzung und dem „Embryo", der als „Frucht von der Kernverschmelzung bis zum Abschluss der Organentwicklung" definiert wird. Die Kernverschmelzung markiert hier also eine deutliche Zäsur. Auch in Deutschland wird – anders als im österreichischen Fortpflanzungsmedizingesetz – eine Begriffsbestimmung bezüglich des Embryos vorgenommen: „Als Embryo im Sinne des Gesetzes gilt bereits die befruchtete, entwicklungsfähige menschliche Eizelle vom Zeitpunkt der Kernverschmelzung an, ferner jede einem Embryo entnommene *totipotente*[22] (lat. „ganz" + „Kraft") Zelle, die sich bei Vorliegen der dafür erforderlichen weiteren Voraussetzungen zu teilen und zu einem Individuum entwickeln zu vermag." (§ 8)

Der hier zitierte Artikel ist dem sog. Embryonenschutzgesetz von 1991[23] entnommen, das genau wie seine österreichischen und deutschen Pendants ein Kind der 90er-Jahre ist. Dementsprechend stellen sich alle drei als immer wieder ergänzungs- und diskussionsbedürftig heraus. In Deutschland – genau wie in den anderen beiden Ländern – stellt sich heute beispielsweise wieder neu die Frage, wer denn medizinisch unterstützte Fortpflanzung überhaupt für sich beanspruchen darf. Da das deutsche Embryonenschutzgesetz hier keine Angaben macht, kamen in der Praxis lange die Richtlinien der Bundesärztekammer zur Anwendung, wonach nur verheiratete Paare oder Paare in einer festen Partnerschaft Zugang zu Samenbanken erhalten sollen. Letztlich sind die Richtlinien der Bundesärztekammer jedoch rechtlich unverbindlich und Teil der Berufsordnung der Ärzte. Vor allem lesbische Paare fordern daher eine rechtlich verbindliche Neuregelung, zumal es in Europa mittlerweile viele Staaten wie Dänemark oder auch Spanien gibt, bei denen in eingetragener Partnerschaft lebende lesbische Paare IVF mit Samenspende beanspruchen können. Deutschland hat ebenso wie Österreich und die Schweiz mit seinem Beharren auf dem heterosexuellen System eine im europäischen Vergleich restriktive Gesetzgebung.[24] Nicht nur die Eizellspende wird im deutschen Embryonenschutzgesetz gleich in § 1 explizit verboten, sondern auch die embryonale Stammzellforschung (§ 2). Im Vergleich zu Österreich ebenfalls *explizit* verboten sind in Deutschland die Geschlechtswahl oder auch das Klonen (§ 6): „Wer künstlich bewirkt, dass ein menschlicher Embryo mit der gleichen Erbinformation wie ein anderer Embryo, ein Fötus, ein Mensch oder ein Verstorbener entsteht, wird mit Freiheitsstrafe bis zu fünf Jahren oder mit Geldstrafe bestraft." Ebenfalls explizit verboten sind in Deutschland wie in der Schweiz die Chimären- und Hybridbildung, also die Vermischung von unterschiedlichen Erbinformationen befruchteter Eizellen oder die Befruchtung einer menschlichen Eizelle mit dem Samen eines Tieres.

Bei allen Ähnlichkeiten gibt es dennoch Unterschiede zwischen den drei Ländern. Sie betreffen erstens die Stammzellforschung, die in der Schweiz mit dem Stammzellenforschungsgesetz 2003 eingeführt wurde. Unter bestimmten Bedingungen ist es in der Schweiz zulässig, nach Zustimmung des betroffenen Paares aus überzähligen menschlichen Embryonen, die nach Schweizer Gesetz vernichtet werden müssten, Stammzellen zu gewinnen, um mit ihnen zu forschen. Darüber hinaus dürfen embryonale Stammzelllinien zu Forschungszwecken aus dem Ausland importiert werden.[25]

Ein weiterer Unterschied zwischen den drei Ländern besteht in der Tatsache, dass in Deutschland im Unterschied zur Schweiz und zu Österreich seit der Abstimmung des Deutschen Bundestags im Jahr 2011 die sog. Präimplantationsdiagnostik legal ist. Bei einer PID wird drei bis fünf Tage nach der Befruchtung durch IVF der Embryo auf einen befürchteten Gendefekt hin untersucht. Man nennt die PID daher auch manchmal *Blastozystenbiopsie*, weil dem Embryo im sog. Blastozysten-Stadium eine Zelle entnommen und auf den Defekt hin untersucht wird. Weist der Embryo den Defekt auf, wird er verworfen. Es handelt sich also eindeutig um ein Selektionsverfahren, das ethisch viele grundlegende Fragen aufwirft. Insbesondere Menschen mit Behinderung haben ihre Befürchtungen geäußert, bereits im embryonalen Stadium „aussortiert" zu werden und gegen die Legalisierung des Verfahrens in einem Land protestiert, das beim Thema Selektion aufgrund von Behinderung schon allein aus geschichtlichen Gründen sensibilisiert ist. Dennoch wurde nach vielen Jahren engagierter Debatten die PID durch eine

Verordnungsermächtigung in § 3a des Embryonenschutzgesetzes legalisiert, allerdings unter strengen Bedingungen: Wenn aufgrund der genetischen Disposition einer Frau oder eines Mannes oder von beiden ein hohes Risiko einer schwerwiegenden genetischen Erbkrankheit besteht, darf zur Herbeiführung einer Schwangerschaft eine PID durchgeführt werden. Dies ist ebenso der Fall, wenn mit hoher Wahrscheinlichkeit davon auszugehen ist, dass aufgrund der schwerwiegenden Schädigung des Embryos eine Tot- oder Fehlgeburt zu erwarten ist. Die PID legalisiert also keinen „Generalcheck" aller Embryonen und sie begründet auch keine Selektion nach Schönheit oder Intelligenz. Überdies wird die Durchführung der PID streng kontrolliert, u. a. durch eine Ethikkommission an den für eine PID zugelassenen Zentren. Von einer offiziellen Auflistung schwerer Erbkrankheiten wurde abgesehen, da Grenzziehungen praktisch unmöglich sind und stets mit der Diskriminierung einer bestimmten Gruppe von Menschen mit Behinderung einhergehen. Nichtsdestoweniger ist es Faktum, dass in anderen Ländern, in denen zunächst ähnliche gesetzliche Beschränkungen herrschten, die Anwendung der PID bald nicht mehr auf einige schwere Erbkrankheiten beschränkt blieb. Allgemein ist die PID für die Reproduktionsmedizin schon deshalb von Interesse, weil sich mit mithilfe einer PID die konstant niedrige Erfolgsrate der IVF steigern lässt.

Nach der Einführung der PID in Deutschland ist zu vermuten, dass auch die Schweiz und Österreich nachziehen. So ist derzeit in der Schweiz die Vorbereitung einer Gesetzesänderung in Gang, um die PID genau wie in Deutschland unter bestimmten Rahmenbedingungen gesetzlich zu legalisieren.[26] Bisher ist die PID in der Schweiz nach Art. 5 Abs. 3 des Fortpflanzungsmedizingesetzes ausdrücklich verboten gewesen, weil das Ablösen einer oder mehrerer Zellen von einem Embryo in vitro verboten ist. Österreich kennt kein solch ausdrückliches Verbot und auch hier stehen die Zeichen auf einer Legalisierung der PID unter bestimmten Einschränkungen.

Als Alternative zur PID galt bislang zumindest bis zu einem gewissen Grad die *Polkörperdiagnostik*. Sie dient vor allem der Erfassung chromosomaler Anomalien, insbesondere der Erfassung der *Trisomie 21*, der Ursache für das sog. *Down-Syndrom*. Bei der Polkörperdiagnostik wird die Eizelle noch *vor* Abschluss ihrer Befruchtung auf mögliche genetische Defekte hin untersucht. Die Polkörperdiagnostik stellte bislang eine in allen deutschsprachigen Ländern gesetzlich erlaubte Möglichkeit der genetischen Diagnostik dar. Sie macht jedoch nur Aussagen über genetische Defekte, die auf die Mutter zurückgehen. Inwiefern sie nach einer Einführung der PID überhaupt noch zum Einsatz kommt, ist derzeit noch offen.

Ökonomische Rahmenbedingungen in Österreich, der Schweiz und Deutschland

Ist Infertilität eine Krankheit oder nicht? Bereits an dieser Frage scheiden sich die Geister bzw. wird klar, dass Medizin keine Wissenschaft ist, die ihre Aussagen losgelöst von gesellschaftlichen Vorstellungen und Erwartungen trifft. Dass die Erfahrung des unerfüllten Kinderwunsches eine schmerzhafte und äußerst belastende Erfahrung darstellt, ist wohl unbestritten (s. oben). Ob dies jedoch ausreicht, Unfruchtbarkeit als „Krankheit" im eigentlichen Sinne zu bezeichnen, die nach einer Therapie verlangt und möglicherweise sogar staatliche Unterstützung bei dieser Therapie verdient, ist durchaus umstritten. Alles hängt davon ab, was man philosophisch unter Krankheit versteht, ist also letztlich nicht rein medizinisch zu beantworten.

Der Medizinethiker Günther Pöltner unterscheidet in seinem „Grundkurs Medizin-Ethik" zwischen einem funktionalen und einem normativ-praktischen Krankheitsbegriff. Der funktionale Krankheitsbegriff sagt etwas über die Funktionstüchtigkeit eines Organismus aus. Das Kranke ist dann „das Pathologische, die Störung des normalen Ablaufs"[27]. So gesehen wäre die Anwendung des Krankheitsbegriffes im Falle der Infertilität dann zu rechtfertigen, wenn sie beispielsweise das Ergebnis einer Störung der Eileiter ist, welche somit die eigentliche Ursache für die Nichterfüllung des Kinderwunsches darstellt. Im häufigen Falle der Infertilität, bei der *keine* klare Ursache medizinisch feststellbar ist, wird die Rede vom „krank sein" jedoch viel schwieriger.

Nun ist „Krankheit" allerdings mehr als der objektive medizinische Nachweis einer Störung. Ob sich jemand „krank *fühlt*" ist ebenso zu berücksichtigen wie die gesellschaftliche Bewertung. Im Bereich genetisch bedingter Krankheiten gibt es beispielsweise objektiv nachweisbar klare Abweichungen von der Norm, doch fühlen sich Menschen mit Down-Syndrom allein wegen des Down-Syndroms keineswegs „krank".

Was „Krankheit" also ist und woran sich „krank sein" bemisst, ist nicht einfach zu beantworten. Pöltner schlägt deshalb vor, sich zunächst an der Situation von Not und Hilfe zu orientieren: „Krankheit wird als Not erfahren, d. h. sie bildet das Motiv eines entsprechenden Handelns. Der Kranke sucht beim Arzt um Hilfe." So gesehen sind Paare mit unerfülltem Kinderwunsch „krank": Sie erfahren ihren Zustand als etwas, das *nicht sein soll* und suchen Hilfe. Normalerweise reicht jedoch weder die individuelle Befindlichkeit noch eine gesellschaftliche Bewertung aus, um von einer „Krankheit" im eigentlichen Sinne zu sprechen. Viele Kinderwunschpatientinnen und ihre Partner sind also – rein objektiv gesehen – „*nicht* krank", eine Ursache ihrer Infertilität kann nicht ausgemacht werden. Die Diagnose „Unerfüllter Kinderwunsch" ist tatsächlich ein Grenzfall und zeigt deutlich, dass weder eine rein funktionale Bestimmung von Krankheit noch ein rein praktisch-normativer Begriff ausreichend sind.

Manche Ethiker und Ethikerinnen ziehen es daher vor, zumindest bei einigen Formen von Infertilität nicht von „Krankheit", sondern eher von „Behinderung" zu sprechen.[28] Doch auch diese Definition steht vor ähnlichen Problemen wie der Krankheitsbegriff. Das Lexikon der Bioethik bestimmt Behinderung als „dauerhafte, allenfalls symptomatisch therapierbare Beeinträchtigung eines physischen oder psychischen Zustandes, die angeboren oder erworben sein kann"[29]. Die WHO macht jedoch darauf aufmerksam, dass es zum Begriff von Behinderung gehört, auch in sozialer Hinsicht benachteiligt zu sein, also gesellschaftlich nicht partizipieren zu können.[30] Letzteres ist jedoch – bei Anwendung des Behinderungsbegriffs auf den Fall der Infertilität – kaum der Fall. Unfreiwillig kinderlose Paare partizipieren durchaus an der Gesellschaft. Auch hier ist eine klare Festlegung also schwierig, bleibt Infertilität ein Grenzfall.

Aufgrund der im ersten Kapitel vor Augen geführten Bedeutsamkeit des Kinderwunsches, der nicht einfach vergleichbar ist mit anderen Wünschen und dessen Erfüllung oder Nichterfüllung maßgeblich zum Glück oder Unglück von Menschen beiträgt, kommen führende Medizinethiker und -ethikerinnen in den USA und in Deutschland dennoch zum Schluss, dass eine Therapie des unerfüllten Kinderwunsches dann ethisch zu rechtfertigen ist, wenn ökonomisch gesehen genügend Ressourcen für eine Kinderwunschbehandlung vorhanden sind.[31] Dies ist in allen drei deutschsprachigen Ländern der Fall, weshalb es jeweils einen staatlichen Fonds gibt, der die Kinderwunschbehandlung zumindest innerhalb gewisser Grenzen finanziell unterstützt und u. a. aus Mitteln der Krankenversicherungsträger finanziert wird.

In Österreich übernimmt dieser sog. *IVF-Fonds* unter bestimmten Voraussetzungen bis zu 70 Prozent der Kosten für IVF bei höchstens vier IVF-Versuchen je Schwangerschaft, wenn alle anderen Möglichkeiten zur Herbeiführung einer Schwangerschaft ausgeschöpft sind. Der Fonds stellt seine Mittel für Paare in aufrechter Ehe oder in eheähnlicher Lebensgemeinschaft zur Verfügung. Voraussetzungen sind u. a. eine sog. *medizinische Indikation* (Grund), beispielsweise bei der Frau verschlossene oder funktionsunfähige Eileiter, eine Endometriose oder beim Mann Sterilität. Zum Zeitpunkt des Beginns des IVF-Versuches darf die Frau das 40. Lebensjahr und der Mann das 50. Lebensjahr noch nicht vollendet haben.[32]

In der Schweiz ist die Lage etwas anders, denn künstliche Befruchtung außerhalb des Körpers, IVF und ICSI, werden von den Krankenkassen *nicht* bezahlt. Die teilweise sehr erheblichen Kosten – für einen IVF-Versuch muss man mit 3500 Euro und mehr rechnen – müssen von Paaren also privat aufgebracht werden. Anders verhält es sich mit der

Abklärung der Ursachen von Unfruchtbarkeit und mit hormoneller Stimulation samt Insemination. Beides wird von den Krankenkassen übernommen.[33] Über genauere Bedingungen informiert eine Broschüre des Universitätsspitals Zürich.[34]

Im Gegensatz zur Schweiz existiert in Deutschland die Möglichkeit finanzieller Unterstützung durch die gesetzliche Krankenversicherung auch für IVF. Bis zum Jahre 2003 kamen die gesetzlichen Krankenkassen für vier volle Behandlungszyklen auf, inzwischen werden nur noch drei zur Hälfte übernommen. Die restlichen Kosten müssen selbst getragen werden. Die Kostenübernahme ist für Patienten durch die gesetzliche Krankenversicherung (GKV) in § 27a des Sozialgesetzbuches (SGB V) geregelt.[35] Es gelten ähnliche Voraussetzung wie in Österreich: Das Paar muss verheiratet sein, es dürfen jedoch ausschließlich Ei- und Samenzellen der Ehegatten verwendet werden; Ehefrau und Ehemann müssen vor Behandlungsbeginn das 25. Lebensjahr vollendet haben; die Ehefrau darf bei Beginn der Behandlung das 40., der Ehemann das 50. Lebensjahr noch nicht vollendet haben. Die Kostenübernahme ist darüber hinaus hinsichtlich der Anzahl der Behandlungsversuche bei allen Methoden begrenzt, beispielsweise bei der IVF bis zu dreimal.

In allen drei deutschsprachigen Ländern werden Paare nach einer erfolgten Sterilisation aus nicht-medizinischen Gründen *nicht* unterstützt. Die staatliche Unterstützung hat also durchaus ihre Grenzen und es ist mehr als empfehlenswert, die genauen und oft erheblichen Kosten bei der jeweiligen Methode vorher durchrechnen zu lassen.

3. ETHISCHE ÜBERLEGUNGEN

Nachdem in den letzten beiden Kapiteln die rechtlichen und ökonomischen Rahmenbedingungen der Reproduktionsmedizin skizziert worden sind, ist es an der Zeit, sich den eigentlichen ethischen Fragen zu nähern, welche die Reproduktionsmedizin aufwirft. Wieso ist das denn überhaupt notwendig? Sind die verschiedenen Methoden der Reproduktionsmedizin nicht schlichtweg ein großartiger Beweis dafür, dass man Paaren mit unerfülltem Kinderwunsch heute medizinisch helfen kann und dass Kinderlosigkeit kein Schicksal mehr ist, das erduldet und erlitten werden muss? Was gibt es hier ethisch nachzufragen? Und: Was bedeutet „ethisch nachfragen" denn überhaupt?

Ethik ist eine wissenschaftliche Teildisziplin der Philosophie. Sie gibt sich nicht damit zufrieden, dass irgendjemand irgendwie handelt, sondern sie fragt danach, wie denn am besten gehandelt werden soll. Welche Handlungen sind die guten, welche sind die richtigen? Die Ethik versucht, über diese Frage systematisch nachzudenken und unterzieht dabei auch die herrschenden Praktiken immer einer notwendigen Kritik. Ethik gibt sich also nicht mit dem zufrieden, was *ist*, sondern sucht nach dem, was sein *soll*. Ethisch denkende Menschen sind daher immer unbequeme Menschen, die über Gepflogenheiten in ihrer Umgebung nachdenken. Sie begnügen sich nicht mit dem, was jemand subjektiv für gut hält, sondern fragen, was denn wirklich objektiv richtig ist. Damit ist nicht gesagt, dass die subjektive Seite der Ethik unwichtig wäre. Der Bereich subjektiver Verantwortung ist unabdingbar und kann nicht hoch genug geschätzt werden. Gleichzeitig aber versucht die Ethik Aussagen zu machen, die einen Anspruch auf Objektivität stellen können, die also über das einzelne Subjekt hinaus für alle richtig sind. In dieser

Version von Ethik, die letztlich auf die Tradition der Aufklärung und hier auf Immanuel Kant zurückgeht, sucht Ethik nach Normen, nach Richtlinien für alle. Der andere Traditionsstrang von Ethik, die aristotelische Tradition, fragt dagegen nach dem guten Leben für alle Menschen. Beide Traditionen sind in ethischen Diskussionen stets offen oder latent präsent und spielen in der ethischen Argumentation immer eine entscheidende Rolle.

Warum also sollte Reproduktionsmedizin ein ethisches Problem sein? Wieso verdient diese neue Technologie überhaupt ethische Erwägungen? Vielleicht ist bereits in den vorigen Kapiteln klar geworden, dass die Reproduktionsmedizin zum allerersten Mal in der Geschichte der Menschheit die Möglichkeit hervorgebracht hat, menschliches Leben buchstäblich in Menschenhand zu halten. Wann und wie auch immer man den Beginn des menschlichen Lebens bestimmt – auf diese Bestimmungen wird zurückzukommen sein – so ist doch sicher: Es handelt sich nicht um irgendwelches Leben, also nicht um eine Pflanze und nicht um einen Fisch, sondern um menschliches Leben – Leben, das nach normalerweise ca. neun Monaten das Licht der Welt erblickt und seinen geschützten Ort, den Leib seiner Mutter, verlässt. Was bisher also verborgen und damit in gewissem Sinne auch unantastbar war, liegt nun in der Hand des Menschen, genauer gesagt nicht nur in der Hand eines Mannes und einer Frau, welche die Keimzellen beigetragen haben, sondern auch in der Hand der Medizin, der Forschung, der Gesellschaft. Mit dieser Macht wächst auch die Verantwortung: Was darf man mit Menschenleben tun und was nicht? Gibt es Grenzen des medizintechnologisch Machbaren und wo liegen sie? Man könnte es sich nun einfach machen und sagen, dass die rechtlichen Rahmenbedingungen (siehe oben) das schon regeln und damit weitere Gedanken überflüssig sind. Tatsächlich ist es nicht so einfach. Rechtliche Rahmenbedingungen für Reproduktionsmedizin sind – das dürfte bereits in den vorigen Kapiteln klar geworden sein – in Europa und in der Welt durchaus unterschiedlich. Sie sind Ausdruck verschiedener Kulturen und Mentalitäten. Um sie überhaupt formulieren zu können, bedarf es des ethischen Nachdenkens.

Darüber hinaus dispensieren diese rechtlichen Rahmenbedingungen nicht von eigenem Nachdenken. Wie schon bereits angesprochen, ist für alle deutschsprachigen Länder ein weiterer Liberalisierungsschub zu erwarten, der Individuen noch mehr Anstrengung abverlangt – die Anstrengung nämlich, zu einer eigenen begründeten Position zu kommen. Nicht alles, was rechtlich erlaubt ist, muss von jedermann unbedingt genutzt werden. Vielmehr geht es darum, für sich selbst ganz individuell eine Entscheidung zu treffen: Wie handle ich gut und richtig? Dabei ist nicht nur die eigene Befindlichkeit wichtig, sondern auch zu berücksichtigen, welche gesellschaftliche Entwicklung allgemein wünschenswert ist und welche nicht. Niemand handelt in luftleerem Raum und jede Entscheidung hat Konsequenzen für die Entscheidung der anderen. Es ist also nicht nur Sache von Bioethik-Kommissionen, über ethische Fragestellungen nachzudenken, sondern liegt in der Verantwortung eines jeden und einer jeden Einzelnen: Welche Meinung vertrete *ich*? Was möchte *ich*, was nicht? Was soll in Zukunft geschehen, was nicht? Welche gesellschaftliche Entwicklung sehe ich mit Sorge? Wo schließe ich mich an, wo *nicht*? Wie gesagt – Ethik ist nichts für bequeme Jasager, die jedem gesellschaftlichen Trend unkritisch hinterherlaufen. Sie ist etwas für Menschen, die darüber nachdenken, was sie tun.

Die folgenden Kapitel richten sich damit an Paare, die unter ihrem unerfüllten Kinderwunsch leiden und sich fragen, wie sie verantwortlich damit umgehen sollen. Es richtet sich aber auch ganz generell an *alle* Menschen, welche die ethischen *Folge*probleme der Reproduktionsmedizin im Blick behalten wollen. Es wäre naiv anzunehmen, dass es in der Reproduktionsmedizin allein und ausschließlich um Fortpflanzung und um das Wohl kinderloser Paare geht! Wie alle Technologien kann auch die Reproduktionsmedizin Mittel zum Zweck für vieles andere sein – für Forschung, für wirtschaftlichen Profit, für persönliche Karrieren. Dies alles ist per se nicht unbedingt von vornherein nur schlecht, doch wirft es die Frage auf: Wo liegen Grenzen, deren Überschreitung für alle gefährlich werden? Wo ist die Missbrauchsgefahr einer Technologie so hoch, dass sie letztlich mehr Probleme aufwirft, als sie lösen kann? Reproduktionsmedizin ist nicht nur Therapie für kinderlose Paare, sie ist weit mehr. Ethiker und Ethikerinnen bezeichnen sie als Schlüsseltechnologie, die viele weitere Fragen aufwirft: Was ist der Mensch? Ein bloßer Zellhaufen oder immer Person? Wann beginnt Mensch-Sein bzw. Person-Sein? Welches Leben ist geglücktes Leben? Wer bestimmt darüber, was geglücktes und gutes Leben ist? Was dürfen Menschen mit Menschenleben tun, was nicht? Wo darf man eingreifen, wo nicht?

Bevor diese grundsätzlichen Fragestellungen im Mittelpunkt der Überlegungen stehen, seien fürs Erste allerdings zunächst einmal die beiden großen ethischen Argumente einander gegenübergestellt, die unsere gegenwärtige Debatte um Kinderlosigkeit formen: der Verweis auf prokreative Freiheit/reproduktive Autonomie und der Verweis auf das Wohl des Kindes.

Prokreative Freiheit und reproduktive Autonomie

Es wurde bereits angedeutet, dass Reproduktionsmedizin u. a. ein medizinischer Antwortversuch auf ein soziales Phänomen darstellt: Immer mehr Paare verschieben ihren Kinderwunsch in ein Alter, wo die biologische Fruchtbarkeit bereits abnimmt. Bis dahin bindet die Suche nach einer guten Ausbildung, nach einer sicheren Arbeit und nach einer stabilen Partnerschaft die meisten Kräfte. Angesichts einer unsicheren ökonomischen Situation erscheinen dies und die Bereitschaft zur beruflichen Flexibilität als überlebensnotwendige Voraussetzungen. Häufig bleibt der Wunsch nach einer Familie zunächst auf der Strecke und soll sich zu einem späteren Zeitpunkt erfüllen. Ambitionierte Forscher wie beispielsweise Carl Djerassi, Entwickler der Pille, versprechen bei ihren Auftritten bei Podiumsdiskussionen eine medizinische Lösung: Wer noch keine Kinder möchte, nimmt die Pille oder andere Empfängnisverhütungsmittel, lässt seine Ei- und Samenzellen in jungem Alter einfrieren, um sie nach Bedarf wieder aufzutauen und durch IVF oder eine andere reproduktionsmedizinische Methode ein Kind zu bekommen.

Vor allem die amerikanische, zunehmend aber auch die deutschsprachige ethische Literatur spricht in diesem Zusammenhang von „reproduktiver Autonomie" oder auch „prokreativer Freiheit": „Prokreative Freiheit" ist die Freiheit, sich für oder gegen Nachwuchs entscheiden zu können und Kontrolle über die eigenen reproduktiven Fähigkeiten auszuüben[36] – so zumindest die Übersetzung des zentralen Gedankens von John A. Robertson, einem der bekanntesten und umstrittensten amerikanischen Ethiker zu dieser Frage. Prokreative Freiheit umfasst für ihn einerseits das Recht, alle Mittel – empfängnisverhütende Mittel bis hin zum Schwangerschaftsabbruch – einzusetzen, wenn Kinder *nicht* erwünscht sind. Andererseits hat die Erfüllung des Kinderwunsches aufgrund seiner elementaren Bedeutung für Robertson in fast jedem Fall ein derart hohes Gewicht, dass jeder, der das Recht auf prokreative Freiheit aus irgendeinem Grund beschränken will, die Beweislast trägt, dass diese Beschränkung wirklich notwendig ist. Im Namen prokreativer Freiheit ist für Robertson fast alles erlaubt. Als einzige echte Beschränkung nennt er selbst allerdings das Klonieren, denn es hat für ihn mit dem ursprünglichen Wunsch nach Fortpflanzung nicht mehr viel zu tun.[37] Im Namen prokreativer Freiheit ebenfalls schwer argumentierbar sind für Robertson Ambitionen von Paaren mit Behinderung, Nachwuchs zu bekommen, der dieselbe Behinderung aufweist, wie es im Falle von Taubheit oder Kleinwuchs in den USA versucht worden ist. Solange nicht gezeigt werden kann, dass Kinder mit diesen Behinderungen keinen erkennbaren Vorteil haben, lässt sich auch diese Handlung kaum mit prokreativer Freiheit begründen.[38] Dafür sind genetische Selektionstechniken im Namen prokreativer Freiheit für Robertson nicht nur erlaubt, sondern prinzipiell sogar zu begrüßen, denn sie vermeiden in seinen Augen genetische Defekte und damit Schaden für den Nachwuchs. Im Namen dieser „Schadensvermeidung" ist für Robertson praktisch jede Technologie erlaubt – allerdings mit dem Zusatz, dass niemand zur Inanspruchnahme einer Technologie gezwungen werden kann bzw. dass auch auf Arztseite niemand dazu gezwungen werden kann, diese Techniken anzubieten.

Prokreative Freiheit ist für Robertson einer der wichtigsten und grundlegenden Teilbereiche „personaler Autonomie". Dabei steht er in der angelsächsisch-amerikanischen Tradition, die personale Autonomie als das Recht auf Selbstbestimmung versteht. Damit ist letztlich gemeint, dass Individuen sich grundsätzlich mit ihren Wünschen als Ausdruck ihrer eigenen Person identifizieren und nach der Erfüllung dieser Wünsche streben. Nun ist eine solche Art von Selbstverwirklichung durch personale Autonomie für ein geglücktes Leben durchaus wichtig. Wer möchte nicht selbstbestimmt leben und über eigene wichtige Projekte und Ziele selbst entscheiden können? Ganz besonders wenn es um die Fortpflanzung und einen so elementaren Wunsch wie den Kinderwunsch geht, ist diese personale Autonomie im reproduktiven Bereich also tatsächlich ein gewichtiges Argument. Sogar Robertson stellt allerdings – wie oben gezeigt – die Frage, ob diese personale Autonomie nicht moralisch irgendwie beschränkt sein müsste, damit sie nicht in totale Willkür ausartet. Schließlich ist das Argument „Ich wünsche mir das!" oder „Ich will das so!" in anderen Bereichen des Lebens keineswegs ausreichend, um *alle* Rechte und Ansprüche in jedem Fall durchzusetzen. In der Tradition des englischen Philosophen John Stuart Mill (1806–1873) und seiner Schrift „On liberty" (Kapitel 1) führen daher die Vertreter und Vertreterinnen personaler Autonomie, in deren Tradition auch John A. Robertson steht, als einzige Einschränkung individueller Autonomie das Schadensargument an: Die Autonomie einer Person sollte berechtigterweise von der Gesellschaft nur dort beschränkt werden, wo sie anderen Schaden zufügt: „[...] the only purpose for which power can be rightfully exercised over any member of a civilized community, against his will, is to prevent harm to others."[39] Auch der Ruf nach personaler Autonomie in dieser Tradition begründet also keine uneingeschränkten Rechte, die in jedem Fall durch Gesellschaft oder Staat gesichert werden müssten. Nicht einmal in dieser großzügigen Definition von personaler Autonomie spielt sich Autonomie also in einem völlig moralfreien Raum ab.

Allerdings haben Vertreter und Vertreterinnen der zweiten großen Tradition der Rede von der Autonomie zu Recht die Frage gestellt, ob dieses Prinzip der Schadensvermeidung denn präzise genug ist, um gerade bei Angelegenheiten der Fortpflanzung klar argumentieren zu können. Was in jeweiligen Fall unter „Schaden" zu verstehen ist, ist nämlich häufig unklar und umstritten bzw. hängt stark von der individuellen Einschätzung der Lage ab: Wenn beispielsweise taubstumme amerikanische Paare argumentieren, dass Taubheit für sie kein Schaden, sondern im Gegenteil sogar ein Vorteil ist, weil man damit die Zugehörigkeit zu einer ganz eigenen Kultur – der Taubstummenkultur – beanspruchen kann, dann wird das Schadensargument zumindest relativiert. *Objektiv* zu bestimmen was als „Schaden" gilt und was nicht, ist also gar nicht so einfach.

Ethische Vertreter und Vertreterinnen der Tradition des deutschen Philosophen Immanuel Kant (1724–1804) verstehen Autonomie ganz anders als John Stuart Mill und seine angelsächsischen bzw. US-amerikanischen Nachfolger. Autonomie hat für Kant mit Wunscherfüllung und Selbstbestimmung nichts zu tun, im Gegenteil: Autonomie (griech. autos = selbst + griech. nomos = Gesetz) ist für ihn die Fähigkeit zur sittlichen Selbstgesetzgebung und die Moralfähigkeit des Menschen. Der Mensch hat die Aufgabe, sich selbst mit den Mitteln seiner Vernunft Schranken aufzuerlegen, deren Geltung weit über seinen subjektiven Bereich hinaus reichen und universalisierbar sind. Kant bestimmt diese Art von moralischer Autonomie, die unter Umständen genau das Gegenteil des Strebens nach eigener Wunscherfüllung implizieren kann, in den zwei Formulierungen des kategorischen Imperativs, nämlich erstens in der sog. Selbstzweckformel, welche ein Verbot der Totalinstrumentalisierung enthält: „Handle so, dass du die Menschheit in deiner Person, als in der Person eines jeden anderen, jederzeit zugleich als Zweck, niemals bloß als Mittel brauchest."[40]

Zweitens wird Autonomie mit dem sog. Universalisierungsgrundsatz gefasst: „Handle so, dass die Maxime deines Willens jederzeit zugleich als Prinzip einer allgemeinen Gesetzgebung gelten könnte!" Der Mensch hat also kraft seiner Vernunft die Fähigkeit, eine *Maxime* – das subjektive Prinzip seines Wollens[41] – das hinter dieser oder jener Handlung steht, auf andere Situationen übertragen zu können und sich zu fragen: Gilt dieser Grundsatz unter diesen und jenen Umständen und in diesen und jenen Konstellationen ebenfalls? Kann ich ihn „universalisieren"? Auf diese Art und Weise versucht Kant, den Bereich rein subjektiver Einschätzungen zu verlassen und zu objektiven Regeln zu kommen, die alles Handeln bestimmten sollten. Der Mensch hat also die Gabe und die Aufgabe zugleich, sein Handeln bestimmten Vorgaben zu unterwerfen, die er in sich selbst findet.

Ist damit gesagt, dass moralische Autonomie im Sinne Kants eigene Wünsche und Neigungen grundsätzlich ausschließt, wie man es Kant bisweilen vorgeworfen hat? So einfach ist die Sache nicht. Das Streben nach individuellem Glück ist nach Kant an und für sich moralisch nicht fragwürdig. Auch der Wunsch, sich wohl zu fühlen und die damit verbundene Rückfrage nach eigenen Wünschen und Neigungen ist kein Widerspruch zur Moral und muss auch nicht zugunsten eines moralinsauren rigoristischen Pflichtbegriffs unterdrückt werden, wie Kant immer wieder gerne vorgeworfen wird. Eines ist jedoch richtig: Nach Kant sind individuelle Wünsche als *letzte* Begründung von Moral nicht hinreichend. Oder – um es mit dem Kant-Spezialisten Otfried Höffe zu sagen: Nach Kant liegt „die suprema potestas moralis [die oberste Instanz der Moral; Anm. d. Verf.] nicht bei der Neigung, sondern bei der Moral selbst."[42] Im Zweifelsfall sollten Menschen, die Moralfähigkeit und Autonomie für sich beanspruchen, nach ihren Pflichten fragen, nicht nach ihren Neigungen. Kant ist also in seiner Beurteilung der menschlichen Natur misstrauischer als John Stuart Mill und seine Nachfolger. Letztlich prallen daher in beiden hier skizzierten Traditionssträngen von personaler und moralischer Autonomie zwei unterschiedliche Menschenbilder aufeinander: Das Menschenbild John Stuart Mills und seiner Vorläufer mit ihrer Betonung menschlicher Freiheit und dem Optimismus, dass für die Begrenzung dieser Freiheit die Formulierung eines allgemeinen Nichtschadensprinzips genügt, weil der Mensch ohnehin auf das Wohlergehen anderer ausgerichtet ist; und dasjenige Kants, der das Sittengesetz eben *nicht* für ein Naturgesetz hält, das der Mensch aus innerem Antrieb und notwendig befolgt, sondern es als Imperativ versteht, dessen Befolgung die Pflicht verlangt. Allerdings muss auf Ebene der angewandten Ethik laut Otfried Höffe letztlich von keinem fundamentalen Widerspruch ausgegangen werden. Eine Moral, die ausschließlich um der Pflicht willen erfolgt, wird schnell blutleer und freudlos. Umgekehrt verliert eine Moral, die ausschließlich nach den eigenen Neigungen fragt, jede Bodenhaftung und läuft Gefahr zu kurzschlüssiger Willkür zu werden.

Gerade in der Reproduktionsmedizin und bei Fragen der Fortpflanzung sind beide Traditionsstränge in der ethischen Diskussion heute stark präsent. Man wird die Anhänger und Anhängerinnen John Stuart Mills sofort an sehr liberalen Auffassungen erkennen, denn das Prinzip der Schadensvermeidung, wie schon gesagt, lässt einen sehr weiten Interpretationsspielraum zu. Verfechter und Verfechterinnen der reproduktiven Autonomie bzw. der prokreativen Freiheit wie John Robertson oder auch wie der englische Moralphilosoph John Harris berufen sich auf das Recht aller Menschen, sich durch den Kinderwunsch selbst verwirklichen zu können und die ureigensten Wünsche sozusagen Fleisch und Blut werden zu lassen. Prokreative Freiheit und reproduktive Autonomie erlangen hier den Status eines Menschenrechts, analog der Religionsfreiheit. Sie werden daher zur universalen Forderung, die für jeden Menschen erhoben werden muss. In ihrer extremen Ausformulierung hat nach diesem Verständnis jeder Mensch das Recht, sich auf jegliche von ihm gewünschte Art fortzupflanzen.

Verantwortung und Fürsorge für ein Kind

Ethiker und Ethikerinnen in der Tradition Kants kritisieren solche Ansätze. Eine der profiliertesten amerikanischen Philosophinnen in der Tradition Kants, Onora O'Neill, hat darauf aufmerksam gemacht, dass reproduktive Autonomie oder prokreative Freiheit ein ganz falscher

Ausgangspunkt sind, um reproduktionstechnologische Verfahren zu beurteilen. Schließlich geht es beim Wunsch nach Nachwuchs keineswegs ausschließlich darum, sich selbst und seine eigenen Wünsche verwirklichen zu wollen. Schließlich kommt hier ein Dritter und seine Existenz oder Nicht-Existenz ins Spiel: ein Kind.

Reproduktive Autonomie eignet sich laut O'Neill und vielen anderen Ethikern und Ethikerinnen jedoch sehr gut als Argument, wenn es darum geht, nicht zum Kinderkriegen gezwungen zu werden. Reproduktive Autonomie ist also ein *Abwehrrecht*. Es schützt das Individuum beispielsweise vor Eingriffen des Staates durch eine gezielte Bevölkerungspolitik, wie sie in China und Indien praktiziert wird, wo de facto die Ein-Kind-Familie staatlich verordnet und erzwungene Abtreibungen vor allem von weiblichen Föten an der Tagesordnung und staatlich sanktioniert sind. Reproduktive Autonomie kann auch dann als Argument angeführt werden, wenn Frauen und Männer aufgrund einer möglicherweise vorhandenen genetischen Disposition zur Behinderung staatlicherseits generell am Kinderkriegen gehindert würden, wie es lange Zeit auch in Österreich und Deutschland geschehen ist.

Reproduktive Autonomie oder prokreative Freiheit, wie John Harris oder John Robertson sie verstehen, ist jedoch nicht nur ein Abwehrrecht, sondern weit mehr: Sie wird als *Anspruchsrecht* formuliert, als Recht auf ein Kind. Die Frage ist, ob dieses Anspruchsrecht wirklich existiert. Allein ein Wunsch, sogar ein sehr elementarer Wunsch, begründet normalerweise in der Ethik nicht einfach ein positives Recht *auf* etwas. Nun ist der Kinderwunsch allerdings – wie schon oben gesagt – nicht irgendein Wunsch, sondern ein Wunsch mit einer vorgeordneten Bedeutung. Gibt es also ein Recht auf ein Kind unter Bezugnahme auf die reproduktive Autonomie? Begründet der Wunsch nach einem Kind ein Menschenrecht auf ein Kind? Diese Frage muss klar mit „Nein" beantwortet werden. Anders als beispielsweise Nahrung ist Fortpflanzung *kein* überlebensnotwendiges Bedürfnis jedes Menschen. Allein aus der Tatsache, dass sich der Mensch fortpflanzen *kann* und dazu traditionellerweise einen verschiedengeschlechtlichen Partner/Partnerin benötigt, ist die Tatsache einer unbedingten Notwendigkeit noch nicht ableitbar. Es wäre dann jeder freiwillige Verzicht auf Kinder eine Handlung sozusagen *wider* die Natur des Menschen selbst. Dies jedoch ist *nicht* der Fall, und gerade im Falle freiwilliger Kinderlosigkeit möchten die meisten Menschen, insbesondere Frauen, von dieser Art Fehlschluss von einer biologisch angelegten reproduktiven Fähigkeit auf ein Handlungs-*Soll* sogar ausdrücklich absehen.

Zusammenfassend muss man also sagen: Allein aus einem noch so vorrangigen Wunsch lässt sich kein Recht ableiten. Die Rede von der „reproduktiven Autonomie" ist daher eher als Slogan und als politischer Schlachtruf zu betrachten, dem mit Vorsicht begegnet werden sollte. Die Behauptung einer reproduktiven Autonomie im Sinne eines Anspruchsrechts entspringt dem „Ich wünsch mir was und darauf habe ich Anspruch!"-Denken, das man aus der Werbung und aus dem Supermarkt kennt.

Onora O'Neill hat also Recht: Wenn es um den Wunsch nach einem Kind geht, ist reproduktive Autonomie oder prokreative Freiheit im Sinne eines Anspruchsrechts ein unzureichender Ausgangspunkt. Eine der Situation weit angemessenere Kategorie ist die Kategorie der Verantwortung für ein Kind und die Verpflichtungen, welche die Eltern für sein Wohl übernehmen. Der Fokus der Aufmerksamkeit verschiebt sich damit vom Kinderwunsch-Paar auf einen Dritten – auf einen kleinen Menschen, dessen Wohl zumindest am Anfang ganz und gar von der Zuwendung seiner Eltern abhängt und der über Jahre hinweg auf sie angewiesen ist. Unter diesem Gesichtspunkt ist es nicht angemessen, Einschränkungen der reproduktiven Autonomie allein im Sinne einer Schadensbegrenzung zu diskutieren.[43] Wenn es um ein Kind geht, dann geht es in erster Linie nicht um die Vermeidung dieses oder jenen Schadens, sondern um das Wohl des Kindes, um sein Gedeihen und um sein Glück.

Was aber benötigt ein Kind zu seinem Gedeihen und zu seinem Wohl? Was versteht man unter dem sog. „Kindeswohl"? Tatsächlich ist dieser heute vielstrapazierte Begriff im Laufe der Geschichte inhaltlich immer wieder sehr unterschiedlich gefüllt worden. Ganz grob unterscheidet die soziologische Kindheitsforschung heute drei Kindheitsmodelle, nämlich das (1) „Eigentumsmodell", das (2) Obhutsmodell und das (3) Persönlichkeitsmodell.[44] (1) Das Eigentumsmodell gilt von der vorindustriellen Zeit bis hinein ins 18. Jahrhundert: In dieser Zeit werden Kinder als Eigentum des pater familias, also des Familienoberhaupts, betrachtet. Sie sind in erster Linie Arbeitskräfte und Garanten der Altersversorgung ihrer Eltern, das Verhältnis zwischen Kindern und Eltern ist zweckgebunden. Der Erziehungsstil ist entsprechend den hierarchischen Strukturen als autoritär zu bezeichnen: Die Autorität des Vaters entscheidet, was gut für die Kinder ist, und gut ist in erster Linie ihre Vorbereitung zum Einsatz im Arbeitsleben.

(2) Im 18./19. Jahrhundert beginnt mit der industriellen Revolution eine andere Zeit: Die Familie ist nicht mehr ausschließlich eine Arbeitseinheit, sondern zumindest in bürgerlichen Kreisen auch der Hort für Emotion und Beziehung. Damit entsteht aber auch zum ersten Mal in der Geschichte eine Aufmerksamkeit für die spezifischen Besonderheiten von Kindern. Sie werden nicht mehr als kleine und irgendwie zurückgebliebene Erwachsene verstanden, die möglichst schnell kindliche Unarten ablegen müssen, sondern als eigene schutzbedürftige Wesen, deren Eltern ihnen Raum zur Entfaltung körperlicher und geistiger Kräfte schenken sollen. Aber nicht nur die Eltern sind für die Obsorge ihres Kindes verantwortlich. Auch dem Staat wird die Erziehung und Bildung der Kinder zunehmend ein Anliegen – nicht nur zum Wohl der Kinder selbst, sondern auch unter dem Gesichtspunkt, dass gut ausgebildete und mündige Bürger und Bürgerinnen letztlich auch dem Wohl und dem Fortschritt einer Gesellschaft dienen. Neben dem Aufbau des Schulwesens und der Entwicklung pädagogischer Erziehungsvorstellungen werden erste Rechte zum Schutz des Kindes entwickelt.

(3) Anfang des 20. Jahrhunderts setzt eine Entwicklung ein, die bis heute anhält, nämlich die Vorstellung, dass Kinder weniger Gegenstand der Fürsorge ihrer Eltern sind, sondern eigenständige Persönlichkeiten, deren Rechte zu schützen sind. Die sog. Kinderrechtsbewegung fordert,

Kinder als vollwertige Bürger und Bürgerinnen zu betrachten, die an der Gesellschaft eigenständig partizipieren und Rechtsansprüche haben. In zahlreichen Ländern Westeuropas werden Kinderschutzgesetze eingeführt, wobei hier an erster Stelle und sozusagen als vorläufiger Höhepunkt der Entwicklung das UNO-Übereinkommen über die Rechte des Kindes vom 20. November 1989 zu nennen ist. Die sog. Kinderrechtskonvention legt einen weltweiten Standard fest, den die Vertragsstaaten der UNO nicht unterschreiten sollten, bei dem sie aber nationalen Gestaltungsspielraum haben. Ziel ist es, dem Kind Unterstützung und Schutz bei der Entfaltung und Entwicklung seiner Persönlichkeit zu garantieren. Das Kind ist damit erstmalig offiziell ein Subjekt mit eigenen Rechten. Vier Grundprinzipien markieren den Rahmen der Konvention:[45]

- Vorrang des Kindeswohls: Bei Entscheidungen, die Kinder betreffen, soll das Wohl des Kindes ein vorrangiges Kriterium in der Interessenabwägung sein. Eine genaue juristische Definition des Begriffs des „Kindeswohls" wird in der UN-Konvention jedoch bewusst *nicht* vorgenommen, um den Ermessensspielraum, der kulturell höchst unterschiedlich ist, nicht von vornherein erheblich einzuengen.
- Kinderrecht auf Partizipation: Damit verbunden ist die Forderung, dass Kinder bei Entscheidungen, die sie selbst betreffen, angemessen eingebunden werden sollen.
- Recht auf Leben, Überleben, Entwicklung: Existenzsicherung und bestmögliche Entfaltungsmöglichkeiten müssen für das Kind gewährleistet werden.
- Verbot der Diskriminierung: Gleich aus welchen Gründen (Hautfarbe, Herkunft, Staatsangehörigkeit, Sprache, Geschlecht, Religion, Behinderung, Vermögen der Eltern etc.) ist eine Benachteiligung von Kindern unzulässig.

An diese Grundprinzipien schließt ein Katalog von Rechten an, die in drei Gruppen eingeteilt werden:

- Versorgungsrechte: Dazu zählt zum Beispiel das Recht auf angemes-

senen Lebensstandard (einschließlich Nahrung und Unterkunft), auf Zugang zu Gesundheitsdiensten, auf Bildung – auch im Hinblick auf besondere Zielgruppen wie Kinderflüchtlinge.
- Schutzrechte: In diese Gruppen fallen zum Beispiel das Verbot jeglicher Form von Gewalt gegen Kinder und der Schutz vor sexueller und wirtschaftlicher Ausbeutung von Kindern (Kinderarbeit).
- Beteiligungsrechte: Klassische Freiheitsrechte wie Meinungsfreiheit, Versammlungsfreiheit sind Kindern ebenso garantiert wie ein Recht auf soziale Integration und das schon erwähnte grundsätzliche Recht auf Partizipation.

Schließlich hält die Kinderrechtskonvention fest, dass primär die Eltern für die Erziehung des Kindes verantwortlich sind. Falls diese dazu nicht bereit/in der Lage sind, so hat der Staat diese Verantwortung wahrzunehmen.

Blickt man auf die hier skizzierte Entwicklung zurück, lässt sich also zusammenfassen, dass der Begriff des „Kindeswohls" im Laufe der Zeit inhaltlich sehr unterschiedlich gefüllt wurde. Heute dominiert zumindest in Westeuropa klar die Vorstellung von einem Kind als einer eigenständigen Persönlichkeit, dem Respekt und Achtung entgegenzubringen ist und dessen Rechte staatlicherseits verteidigt werden müssen. Manchmal gerät bei der Betonung der Autonomie des Kindes und seiner Rechte fast aus dem Blick, was im alten Obsorgemodell dominant war, nämlich die Tatsache, dass Kinder zunächst einmal und über einen langen Zeitraum hinweg auf die Fürsorge Erwachsener angewiesen sind. Kinder müssen nach diesem Modell nicht gleichberechtigte Partner sein, die auf Augenhöhe mit den Erwachsenen reden – dies kann nämlich durchaus eine Überforderung darstellen – sondern sie dürfen sozusagen „klein sein", d. h. angewiesen auf die Fürsorge ihrer Eltern. Diese sind genau dann „gute Eltern", wenn sie das Wohl der Kinder in den Mittelpunkt ihrer Bemühungen stellen. Einen guten philosophischen Anhaltspunkt für eine etwas genauere Bestimmung des Wohles des Kindes liefert der sog. „Capability Approach", der sog. Fähigkeiten-Ansatz der Philosophin

Martha Nussbaum. Zusammen mit dem indischen Wirtschaftswissenschaftler Amartya Sen definiert Nussbaum zentrale menschliche Fähigkeiten, die als Minimalanforderungen für ein menschenwürdiges Leben universelle Geltung haben und damit als eine Art neuer Menschenrechtskatalog gelten können:[46] (1) Leben: Die Fähigkeit, ein menschliches Leben normaler Dauer bis zum Ende zu leben; (2) Körperliche Gesundheit; (3) Körperliche Integrität; (4) Die Fähigkeit, Sinne, Vorstellungskraft und Denken zu entwickeln und zu benutzen; (5) Gefühle zu entwickeln und sie auszuleben; (6) Die Fähigkeit, sich selbst eine persönliche Auffassung des Guten zu bilden; (7) Die Fähigkeit, die Zugehörigkeit zu anderen Menschen in sozialer Interaktion ausleben zu können; (8) Die Fähigkeit, in Anteilnahme für und in Beziehung zu anderen Spezies (Tiere und Pflanzen) zu leben; (9) Die Fähigkeit zum Spiel; (10) Die Fähigkeit der Kontrolle über die eigene Umwelt.

Eltern, die zum „Wohle ihres Kindes“ handeln wollen, müssen diese Fähigkeiten also im Blick haben und dafür Sorge tragen, dass Kinder sie entwickeln können. Es ist damit auch klar, dass Eltern nicht nur für die materiellen und körperlichen Bedürfnisse ihrer Kinder, sondern auch für die Entwicklung der emotionalen, geistigen, d. h. also auch moralischen und spirituellen Fähigkeiten ihrer Kinder zuständig sind.

Angesichts dieses Versuches, dem Begriff des Kindeswohls etwas näher zu kommen, ist selbstverständlich *nicht* gesagt, dass Eltern in der Realität immer zum Wohle ihrer Kinder handeln. Es ist wohlbekannt, dass Kinder auch in den westlichen Gesellschaften unter miserablen Bedingungen heranwachsen, dass Eltern ihre Pflichten grob vernachlässigen und keinerlei Fürsorge für ihre Kinder und die Entwicklung der hier aufgelisteten Fähigkeiten aufbringen. Wünschenswert ist das allerdings *nicht,* weshalb das Ideal von Elternschaft, das hier soeben beschrieben wurde, nichts an seiner Gültigkeit und Strahlkraft verliert. Auch wenn es die perfekten Eltern nicht gibt, muss doch klar sein, dass eine der Grundvoraussetzungen für Elternschaft in der grundsätzlichen Bereitschaft besteht, für das Wohl des Kindes Sorge und Verantwortung zu übernehmen und dies für eine lange Zeit.

4. ETHISCHE FOLGEPROBLEME DER REPRODUKTIONSMEDIZIN IN DER DISKUSSION

Das Argument der Fürsorge und der Verantwortung für das Wohl des Kindes in den Mittelpunkt der Überlegungen zu stellen, ist ein ethischer Zugang, welcher für die Realität von Elternschaft in meinen Augen angemessener ist als das ausschließliche Pochen auf das Argument der reproduktiven Autonomie im Sinne eines Anspruchsrechts auf Wunscherfüllung.

Allerdings ist mit dieser Schwerpunktsetzung noch keine der ethischen Fragen beantwortet, die sich im Kontext von Reproduktionsmedizin stellen. Ausgehend von den beiden im vorigen Kapitel skizzierten ethischen Argumenten – reproduktive Autonomie und Verantwortung/ Fürsorge für das Wohl des Kindes – sollen diese speziellen Fragen nun diskutiert werden. Sie kreisen erstens um bereits geborenes Leben, zweitens aber auch um ungeborenes Leben. Dabei soll zunächst eine Einführung in die jeweiligen Diskussionen erfolgen, die aus Raumgründen nicht umfassend und erschöpfend dargestellt werden können. Im Anschluss daran folgen klare Positionierungen.

Heterosexuelle und homosexuelle Elternschaft

Sowohl in Österreich als auch in Deutschland wird derzeit die Aufgabe des rein heterosexuellen Systems diskutiert. In Österreich hat die Bioethikkommission die Öffnung der Fortpflanzungsmedizin sowohl für alleinstehende Frauen als auch für lesbische Paare empfohlen, ebenso die Möglichkeit einer Adoption für männliche homosexuelle Paare.[47] Die Diskussion wird von beiden Seiten sehr emotional geführt: Auf der einen Seite stehen schwule und lesbische Paare, die gegen die Diskriminierung ihrer geschlechtlichen Orientierung und um gesellschaftliche Akzeptanz kämpfen bzw. darauf pochen, dass auch *ihr* Wunsch nach Familiengründung rechtliche und medizinische Unterstützung verdient.

Auf der anderen Seite stehen nach wie vor starke Vorbehalte gegenüber Homosexualität an sich und die Sorge um das Wohl von Kindern, die in homosexuellen Partnerschaften heranwachsen. Die durch die Reproduktionsmedizin neu entfachte Diskussion um die Ursachen von Homosexualität – ist sie genetisch oder psychisch bedingt? – soll und kann aus Platzgründen an dieser Stelle nicht erneut aufgerollt werden. Die eigentliche Frage, die sich aufgrund der vorangegangenen Ausführungen ergibt, ist die Frage nach dem Wohl des Kindes. Anders formuliert: Können homosexuelle – lesbische und schwule – Paare dem Ideal von Elternschaft entsprechen, das oben skizziert worden ist? Hier gibt es Bedenken, die ernsthaft überprüft werden müssen, denn es steht viel und für das Kind buchstäblich *alles* auf dem Spiel: Können gleichgeschlechtliche Paare stabile Verhältnisse bieten, in denen ein Kind den sicheren Raum erhält, die oben aufgezeigten Fähigkeiten zu entwickeln und zu entfalten? Sind sie gewillt und in der Lage, das Wohl eines Kindes über einen langen Zeitraum hinweg in den Mittelpunkt ihrer Bemühungen zu stellen? Können sie einem Kind Raum zur Entfaltung seiner eigenen Identität bieten – inklusive einer sexuellen Orientierung, die möglicherweise von der seiner schwulen oder lesbischen Eltern abweicht?

In den letzten Jahren sind viele Studien erstellt worden, die sich mit der Erforschung dieser Fragen befasst haben.[48] Die Bewertung dieser Studien ist außerordentlich umstritten. Die Gegner der Öffnung des heterosexuellen Systems führen an, dass die Fallzahlen aller Studien sehr gering seien; dass die befragten Personen sich selbst gemeldet hätten und nicht ausgesucht worden seien, was die einseitig positive Bewertung gleichgeschlechtlicher Elternschaft erkläre; dass die objektive Erhebung des Kindeswohls von gleichgeschlechtlichen Eltern außerdem derzeit aufgrund der starken Emotionalität gesellschaftspolitischer Debatten kaum durchführbar sei.

Tatsächlich muss auch liberalem Denken die Widersprüchlichkeit gesellschaftlicher Debatten zu denken geben: Einerseits wird in der Pädagogik über den „abwesenden Mann" geklagt und allerorten propagiert, Männer stärker in familiäre und schulische Erziehungsarbeit einzubeziehen, weil ihr Fehlen gravierende Folgen für die Entwicklung Heranwachsender hätte. Andererseits soll lesbischen Paaren oder auch Alleinerzieherinnen das Recht zugestanden werden, ihre Kinder ohne männliche Bezugspersonen aufzuziehen. Vertreter und Vertreterinnen der Psychologie und Psychotherapie äußern hier Bedenken und machen darauf aufmerksam, dass das Fehlen des jeweils gegengeschlechtlichen Vorbilds, an dem ein Kind durch Identifikation oder auch Distanzierung lernt, gravierende Folgen für die psychische Entwicklung des Kindes haben könnte.

Allein aufgrund empirischer Studien zu einem wirklich fundierten Urteil zu kommen, ist daher schwierig bis unmöglich. Noch ist die Praxis gleichgeschlechtlicher Elternschaft letztlich wenig erprobt. Es bedarf daher also weiterer Überlegungen: Kann das Leben eines Kindes mit zwei Müttern oder zwei Vätern glücken oder ist heterosexuelle Elternschaft grundsätzlich eine bessere Ausgangsbasis? Unter dem Stichwort der Verantwortung und der Fürsorge für das Kind ist weiter zu fragen: Können schwule und lesbische Paare dem oben skizzierten Ideal von Elternschaft entsprechen und die vorher angeführten Fähigkeiten von Kindern fördern? Haben sie die Fähigkeit und die Bereitschaft, Verantwortung für ein Kind zu übernehmen und es mit Liebe und Fürsorge über viele Jahre hinweg zu begleiten? Können sie einem Kind Sicherheit und Schutz für seine persönliche Entfaltung bieten? Steht das Wohl des Kindes derart im Vordergrund, dass dies auch die Freiheit bezüglich der Entfaltung der eigenen möglicherweise *hetero*sexuellen Orientierung einschließt? Bei einer Beantwortung dieser sehr komplexen Fragen ist überdies die Tatsache zu berücksichtigen, dass homosexuelle Paare nach wie vor mit gesellschaftlichen Diskriminierungserfahrungen zu kämpfen haben, die im Alltag durchaus auf dem Rücken der Kinder ausgetragen werden könnten.

Noch schwieriger wird es ethisch in meinen Augen allerdings dort, wo eine Frau/ein Mann eine fixe Beziehung von vornherein ablehnen und sich den Kinderwunsch per Samenspende oder Leihmutterschaft erfüllen wollen. Die Gefahr der Instrumentalisierung eines Kindes, das an die Stelle eines erwachsenen Partners/einer Partnerin treten soll, ist nicht so leicht von der Hand zu weisen. Um dieser Gefahr zu entgehen, müsste zumindest ein ständiges Gegengewicht in Form einer stets greifbaren konstanten zweiten Bezugsperson geschaffen werden, um das Wohl des Kindes zu sichern. Wer aber sollte dieses Arrangement schaffen und seinen dauerhaften Bestand kontrollieren? Vertreter und Vertreterinnen von Psychologie und Pädagogik erklären immer wieder, dass Kinder *mehrere* erwachsene Bezugspersonen brauchen, die ihnen zuverlässig und dauerhaft Halt und Stabilität geben. Nicht nur aus Sicht der Ethik, sondern auch aus Sicht anderer Disziplinen ergeben sich daher gravierende Einwände gegen die häufig sehr blauäugige Forderung nach mehr Liberalisierung, deren Verfechter und Verfechterinnen sich der realen Alltagsprobleme oft kaum bewusst sind.

Samen- und Eizellspende

Ein sehr ernstzunehmendes Problem, das sich im Zusammenhang mit Keimzellspende und dem Wohl des Kindes in homosexuellen Partnerschaften oder auch bei Alleinerziehenden stellt, ist die Frage, wie mit dem Recht von Kindern auf Wissen um die eigene Herkunft verfahren werden soll. Dieses Recht wurde gerade in jüngster Zeit in ethischen Debatten angeführt, wenn es um die Kritik der Praxis der anonymen Kindesabgabe in Babyklappen und anonymer Geburt ging.[49] Der Deutsche Ethikrat hat hier argumentiert, dass die gelungene Entwicklung personaler Identität das Wissen um die eigene Geschichte und damit auch das Wissen um die Umstände der eigenen Herkunft benötige: „Wer nicht weiß, wer seine Mutter und sein Vater ist, ist über den Beginn seiner Existenz und die Umstände, unter denen er abgegeben wurde, im Ungewissen. Er hat es ungleich schwerer, Identität und Selbstbewusstsein auszubilden [...] Es muss daher als elementarer ethischer Grundsatz und zugleich als wesentliche rechtspolitische Aufgabe für einen solchen Staat [gemeint ist ein Staat, der dem Schutz der Menschenwürde verpflichtet ist, Anm. d. Verf.] gelten zu gewährleisten, dass Menschen nicht der Gefahr ausgesetzt werden, ohne Wissen um ihre Herkunft zu bleiben."[50] Verstecken sich der leibliche Vater oder die leibliche Mutter dauerhaft hinter der Anonymität, sind Kinder für ihr Leben benachteiligt.[51]

Die Ergebnisse der Adoptionsforschung, welche das Nichtwissen um die eigene Herkunft eindeutig als große Belastung für Heranwachsende erkannt hat, lassen Rückschlüsse auf die Situation von Kindern zu, die durch Keimzellspende auf die Welt gekommen sind. Erst in jüngster Zeit hat in Deutschland die Suche von erwachsen gewordenen Kindern nach ihrem genetischen Vater, dessen Samenspende ihre Existenz ermöglicht hat, auch die Gerichte beschäftigt. Um das Recht auf Wissen zu gewährleisten, ist es nämlich wichtig, nicht nur ein theoretisches Informationsrecht über die eigene genetische Herkunft zu erhalten, sondern es in der Praxis auch durchzusetzen.[52] Wer seinen Samen spendet, muss sich darüber im Klaren sein, dass hier ein neuer Mensch entstehen kann, der eines Tages nach seinem genetischen Vater fragen könnte und sein Recht auf Auskunft auch durchsetzen kann. Dasselbe würde dann ebenso für die derzeit noch verbotene Eizellspende gelten.

Wenn also das Recht auf Wissen um die eigene Herkunft ein so starkes Gewicht erhält, wie es sich derzeit abzeichnet, dann müsste – parallel zu den Forderungen nach Liberalisierung – eine gesetzliche Aufklärungs*pflicht* formuliert werden, welche die genetische Abstammung von Kindern offenlegt. Diese Aufklärungs*pflicht* würde selbstverständlich nicht nur homosexuelle, sondern auch heterosexuelle Paare betreffen, insofern sie Samen- oder auch Eizellspende durchführen ließen. Ob Elternpaare diese Pflicht auch wirklich von sich aus erfüllen würden, muss zu Recht bezweifelt werden, denn in der Praxis vermeiden viele Eltern eine Aufklärung und enthalten ihren Kindern das Wissen um die eigene genetische Abstammung vor.[53] Dies jedoch kann zu einer starken Belastung der Beziehung zwischen Eltern und Kind führen – auch dann, wenn die Kinder längst junge Erwachsene geworden sind. Unausgesprochene Geheimnisse um die eigene Herkunft erweisen sich schon für Adoptivkinder als äußerst problematisch. Ausgehend von diesen Erfahrungen von Adoptivkindern darf auch für die Samen- und Eizellspende geschlossen werden, dass die Wahrheit von Anfang an nicht immer der einfachste, aber auf lange Sicht der beste und klarste Weg ist.

Was jedoch lässt Eltern so hartnäckig die genetische Herkunft ihres Kindes verschweigen? Ist die Angst vor der nie aufgearbeiteten Tatsache der eigenen biologischen Unfruchtbarkeit? Ist es die Furcht, gehänselt zu werden und nicht als „ganzer Mann" oder als „echte Frau" zu gelten? Soll hier um jeden Preis die traditionelle Fassade einer „normalen" Familie gewahrt werden? Sind es die kommerziellen Geschäfte, mit denen Samen- und Eizellspende verknüpft sind und die der Tatsache der Zeugung durch Keimzellspende eine irgendwie anrüchige Note geben? Ist es die Angst, die eigenen Kinder unter Umständen an einen fremden Samenspender zu verlieren?

So verständlich solche Ängste und die mit ihnen einhergehenden Tabuisierungen auch sind, so hat doch das Wohl des Kindes an erster Stelle zu stehen. Die Realität lässt sich nicht so zurechtbiegen, wie man es manchmal gerne hätte! Ein Einblick in die Adoptionsforschung macht Mut und zeigt, dass Eltern in einer intakten und stabilen Beziehung zu ihren Kindern keine Angst vor der Wahrheit haben müssen. Die Auskunft über die fremde genetische Herkunft ist ein wichtiger Puzzlestein im eigenen Lebensbild, ersetzt aber durchaus nicht andere Teile und schon gar nicht das Gesamtbild. Soziale Elternschaft ist der biologischen Elternschaft keineswegs grundsätzlich untergeordnet. So berichten sowohl Adoptivkinder als auch durch Samenspende gezeugte Kinder von der großen, aber auch heilsamen Enttäuschung durch die Begegnung mit den Herkunftseltern, die in nichts den erträumten Erwartungen entsprachen, die man sich von ihnen gemacht hatte.[54] Sicherlich sind der Prozess der Identitätsfindung und damit die Suche nach der eigenen Herkunft etwas, was der Begleitung durch starke und sichere Erwachsene bedarf, die keine Angst haben. Die Anforderungen an die kommunikativen und emotionalen Fähigkeiten der Eltern sind in diesem Fall jedoch so hoch, dass meines Erachtens bei einer liberaleren Gesetzeslage auf jeden Fall die Einführung einer entsprechenden Pflichtberatung zu fordern ist, wie sie derzeit bei Adoptiveltern aus gutem Grunde besteht.

Embryonenspende, Leihschwangerschaft und Leihmutterschaft

Noch komplizierter wird die Situation beim Thema Embryonenspende bzw. Leihmutterschaft und Leihschwangerschaft. Hier spalten sich genetische, biologische und soziale Elternschaft noch weiter auf: Ein durch Eizell- bzw. Samenspende entstandenes Kind hätte dann theoretisch eine genetische Mutter/einen genetischen Vater, würde unter Umständen ausgetragen und zur Welt gebracht von einer Leihschwangeren und würde danach von heterosexuellen oder gleichgeschlechtlichen Eltern aufgezogen. Welche Konsequenzen eine solche Aufspaltung von Elternschaft für das emotionale Wohl von Kindern und für ihre Identitätsentwicklung haben könnte, ist noch nicht wirklich absehbar. Es darf aber prognostiziert werden, dass die Unklarheiten zu etlichen Verwicklungen und Problemen führen.

Bereits Realität sind die zahlreichen juristischen und menschlichen Probleme, die sich bei der Leihmutterschaft in vielen Fällen in den USA ergeben haben. Letztlich resultieren sie aus der Tatsache, dass ungeborene und geborene Kinder keine Objekte sind, die zum Gegenstand von Vertragsverhandlungen werden können. Besonders augenfällig wurde dies beim berühmten Fall Baby M.: Seine Mutter Mary Beth Whitehead, die als Leihmutter engagiert und gleichzeitig die genetische Mutter von Baby M. war, hatte nach Beendigung der Schwangerschaft darauf bestanden, ihr Baby zu behalten und es nicht – wie im Vertrag vereinbart – William Stern übergeben, der als Auftraggeber und Samenspender fungiert hatte und Baby M. gemeinsam mit seiner Frau aufziehen wollte. Unter Berufung auf die Geltung des Vertrags und auf das Wohlergehen des Kindes Baby M. hatte ein Gericht im Sorgerechtsstreit Baby M. zunächst dem sozial bessergestellten William Stern zugesprochen. Dieses Urteil wurde jedoch nach Proteststürmen durch das New Jersey Supreme Court im Jahr 1988 verworfen. Das Sorgerecht blieb zwar bei William Stern, doch Mary B. Whitehead wurde als legale Mutter anerkannt und erhielt Besuchsrechte.

Der Fall zeigt, dass Leihmutterschaft im traditionellen Sinne wie hier, aber auch die sog. Leihschwangerschaft, bei der die biologische Mutter ein genetisch fremdes Kind austrägt, nicht in einem luftleeren Raum stattfinden, sondern Teil der sozialen Problematik einer Gesellschaft sind: Studien haben gezeigt, dass Leihmutterschaften in den USA von Frauen der amerikanischen Mittelschicht angeboten werden, die als Motiv für ihr Angebot angaben, anderen Paaren helfen zu wollen. Leihschwangerschaften dagegen werden vor allem von Frauen der Unterschicht oder von Frauen in den armen Ländern Lateinamerikas und in Indien angeboten, wo im Kampf ums Überleben kaum Wahlmöglichkeiten bestehen bzw. wo Frauen auch direkt vom Familienoberhaupt zur Leihschwangerschaft gezwungen werden.[55] Naiv auf Technologien dieser Art zurückzugreifen, ohne die notwendigen Fragen zu stellen, verschärft die soziale Problematik, die heute in einem globalen Sinne verstanden werden muss. Frauen aus den armen Ländern dieser Welt leisten Gebärarbeit für Frauen aus den reichen Ländern.

Weil bei Leihmutterschaft und bei Leihschwangerschaft das Problem einer schrankenlosen Kommerzialisierung zu befürchten ist, die sich jeglicher staatlicher Kontrolle entzieht, sind beide bis heute in Deutschland, Österreich und in der Schweiz verboten und werden es wohl auch bleiben. Die Tatsache, dass ungeborene Kinder und Frauen hier zu reinen Objekten degradiert werden können, ist allzu augenfällig. Mit Hinweis auf diese Tatsache wird auch die Benachteiligung schwuler Paare in Kauf genommen, denn schwule Paare bräuchten zur Erfüllung ihres Kinderwunsches in jedem Fall eine Leihmutter. Es zeigt sich also an dieser Stelle besonders deutlich, dass das Argument der „reproduktiven Autonomie“ – falls man es überhaupt anführen will – immer gegen andere Güter abgewogen werden muss und seine klare Begrenzung findet.

Nun könnte man einwenden, dass die drohende Totalkommerzialisierung von Kindern und Frauen, die hier angedeutet wurde, durch strenge Gesetze geregelt und dadurch sozusagen unter Kontrolle gebracht werden könnte. Ob dies allerdings wirklich jemals der Fall sein könnte, darf bezweifelt werden. Bereits ein oberflächlicher Blick in die europäische Gesetzeslage zu Samen- und Eizellspende, bei denen sich das Problem der Kommerzialisierung auf weit niedrigerem Niveau stellt, lässt ahnen, dass eine international einheitliche Gesetzgebung auf globaler Ebene vollkommene Illusion ist. Nicht umsonst blüht der Reproduktionstourismus, der die Erfüllung reproduktiver Wünsche in anderen Ländern ermöglicht, wo Leihmutterschaft, Leihschwangerschaft und Eizellspende ganz legal und darüber hinaus relativ günstig zu haben sind. Doch muss „Reproduktionstouristen und -touristinnen“ klar sein, dass sie insbesondere bei der Inanspruchnahme von Leihschwangeren und Leihmüttern in armen Ländern an sozialer Ungerechtigkeit mitwirken und an der globalen Ausbeutung von Frauen unter Umständen direkt mitbeteiligt sind. Probleme globaler sozialer Gerechtigkeit können und sollten auch angesichts eigener privater Fortpflanzungswünsche nicht einfach ausgeklammert werden.

Neben solch freilich sehr unbequemen Gerechtigkeitsfragen ist auch bei Leihmutterschaft, Leihschwangerschaft und Embryonenspende – genau wie bei Samen- und Eizellspende – an erster Stelle nach dem Wohl des Kindes zu fragen. Sein Recht auf Wissen verlangt eine Aufklärung über seine Herkunft, was wiederum seine Eltern in die Pflicht nimmt, genauestens zu dokumentieren, was über die Leihmutter und ihre Lebensumstände bekannt ist. Von vornherein muss also sehr klar sein, dass es keine gut gehüteten „Familiengeheimnisse“ um die Umstände von Herkunft und Geburt geben darf. Kinder spüren Unklarheiten und Unausgesprochenes und reagieren mit Unsicherheit und Misstrauen, wo eigentlich das Gefühl der Geborgenheit und der Sicherheit erfahrbar sein sollte. Eltern, die also aufgrund der restriktiven Gesetzeslage in Deutschland und Österreich in andere Länder ausweichen, sollten sich dieser Problematik also von vornherein stellen und „Strategien einer schrittweisen Aufklärung“ entwickeln, so dass ein Kind mit der Wahrheit leben lernen kann. In jedem Fall erfordert dies viel an kommunikativer Kompetenz, an Gespür und an Wissen von den sozialen Eltern, in jedem Fall aber die Bereitschaft, sich mit den kulturellen und sozialen Gegebenheiten des Heimatlandes der Leihmutter auseinanderzusetzen.

Mittlerweile existieren in Deutschland einheitliche Empfehlungen für die psychosoziale Beratung für Frauen und Männer, die eine Kinderwunschbehandlung im Ausland beabsichtigen.[56] Sie sollten in jedem Fall berücksichtigt werden – auch im Fall der Eizell- und Samenspende. In vielen Ländern ist das Recht auf Wissen über die eigene Herkunft rechtlich ungeklärt, so dass sich für den Heranwachsenden später Hindernisse ergeben, etwas über seine genetischen Eltern in Erfahrung zu bringen. Mit Blick auf das Wohl des Wunschkindes sollten solche Hindernisse vorher ebenso in Erfahrung gebracht werden wie die Situation, unter der eine Ei- oder Samenspende zustande gekommen ist. Wie „freiwillig“ und aus welchen Gründen ist sie durchgeführt worden? Gerade bei der Eizellspende in Osteuropa sind Frauen über die mit der hormonellen Stimulation verbundenen Probleme und über die mit der Eizellentnahme verbundenen Risiken unzureichend oder gar nicht aufgeklärt. Man muss also davon ausgehen, dass die Zustimmung der Frauen zu einer im Übrigen medizinisch durchaus riskanten Eizellspende nur unter Zurückhaltung relevanter Informationen zustande gekommen und daher äußerst fragwürdig ist. Solche ethischen Probleme, die sich im Zusammenhang mit der in Europa mittlerweile durchaus verbreiteten Kommerzialisierung von Samen- und Eizellspende längst stellen, sollten vor der Inanspruchnahme dieser Technologien von Kinderwunschpaaren nicht ignoriert werden. Sie können unter Umständen zu schwerwiegenden Problemen für *alle* Familienmitglieder führen. Auch hier appelliere ich zum „Hinschauen, *nicht* Wegschauen!"

Ungeborenes Leben

Bisher wurden die ethischen Folgeprobleme der Reproduktionsmedizin im Hinblick auf das Wohl von bereits geborenen Kindern skizziert. Doch muss auch das Wohl ungeborener Kinder und damit embryonales und fötales Leben in den Blick genommen werden. Die Frage, was dieses Leben ist und welchen Status es innehat bzw. ab wann ihm ein voller Schutz unter Rückgriff auf das Argument der Menschenwürde zukommt, ist in vielen rechtlichen, ethischen und medizinischen Publikationen diskutiert worden. So wichtig diese philosophisch-theologischen Diskussionen um den Status des Embryos sind, so sollen sie hier dennoch nicht gleich an erster Stelle stehen, sondern erst später thematisiert werden – aus dem einfachen Grund, dass sie aus lebensweltlicher Sicht für Paare, die sich sehnsüchtig ein Kind wünschen, zunächst einmal eher theoretischer Natur sind. Für Paare mit unerfülltem Kinderwunsch ist das große Ziel ja *ihr* Kind. Seine Existenz und sein Wohlergehen, das mit ihrer Existenz und ihrem Wohlergehen für immer aufs engste verbunden sein wird, stehen für sie im Vordergrund.

Präimplantationsdiagnostik

Die sog. Präimplantationsdiagnostik ist mittlerweile in Deutschland für eine begrenzte Anzahl von Fällen legalisiert worden. Man könnte argumentieren, dass sie nur für einige wenige Paare zur Anwendung kommt und daher für das Gros der Kinderwunschpaare und für die Allgemeinheit kaum von Interesse ist. Tatsächlich hat sie jedoch wie kaum eine andere Technologie gesellschaftliche Debatten ausgelöst, da hier möglicherweise ein fundamentaler Paradigmenwechsel stattgefunden hat, der die Gesellschaft vor die Frage stellt, wie sie in Zukunft generell mit Menschenleben umgehen will bzw. wie sie Menschsein überhaupt versteht.

Die Befürworter und Befürworterinnen der PID haben angeführt, dass die Untersuchung eines Embryo auf einen befürchteten Defekt Leid vermeiden hilft – Leid für den Menschen, der mit einer schweren Behinderung leben müsste und Leid für seine zukünftigen Eltern. Sie haben argumentiert, dass die PID die für die zukünftigen Eltern belastende Situation einer befürchteten Behinderung ihres Wunschkindes vermeiden hilft. Sie erspare es einer Frau, eine Schwangerschaft zu riskieren, die dann nach einem entsprechend positiven Befund einer Pränataldiagnostik abgebrochen werden müsse. Die Selektion eines Achtzellers, der aufgrund eines genetischen Defekts nicht in den Uterus eingepflanzt wird, sei weit weniger tragisch, denn eine Beziehung zum Ungeborenen existiere hier noch nicht oder kaum. Außerdem steigere die Untersuchung des Embryos die Erfolgsquote der IVF, was für die Frauen ebenfalls ein Gewinn sei: Weniger vergebliche IVF-Versuche und keine riskanten Mehrlingsschwangerschaften schonten die Gesundheit von Kinderwunschpatientinnen. Die Gefahr der generellen Diskriminierung von Menschen mit Behinderung sei allein schon aufgrund der deutschen Vergangenheit auch den Befürwortern der PID immer bewusst gewesen, weshalb man sich nach langen Debatten für eine sehr beschränkte Legalisierung der PID ausgesprochen habe.[57]

Trotzdem halten viele Ethiker und Ethikerinnen PID für einen gefährlichen Weg. Eine der hauptsächlichen Bedenken ist, dass sie das Konzept von Elternschaft nachhaltig verändern wird. „Eltern sein“ hieß bis vor kurzem: ein Kind annehmen wie es ist; den Neuanfang, der mit der Geburt eines Kindes für das Kind selbst und für seine Eltern besteht, akzeptieren und sich darauf einstellen lernen; „Ja sagen“, auch wenn das Kind seine Eltern vor ganz neue Herausforderungen stellt, die sie nicht erwartet hätten. Mit der PID beginnt – so die katholische Bioethikerin Hille Haker in Anlehnung an die bereits oben genannte Onora O'Neill – die „Elternschaft *sub conditione*"[58], also eine Elternschaft, die Bedingungen stellt. PID folgt damit einem gesellschaftlichen Trend, der sich in immer höheren Anforderungen auch an geborene Kinder ausdrückt: Kinder sollen möglichst gesund sein, fröhlich, neugierig, intelligent, geschickt etc. etc. Um die Voraussetzungen dafür zu schaffen, wird nun auch der noch nicht geborene Nachwuchs genauestens überprüft. Wenn er den Test nicht besteht, wird er verworfen und vernichtet.

Haker unterscheidet zwei Gruppen von zukünftigen Eltern: diejenigen, die eine bessere Erfolgsrate der IVF intendieren und diejenigen, die aufgrund des genetisch bedingten Risikos eine Selektion beabsichtigen. Die zweite Gruppe plant eine bewusste „Zeugung auf Probe", die laut Haker „weder mit dem Kindeswohl oder Kindesrecht [...] zu begründen ist noch mit einer Konfliktsituation der Frau"[59]. Anders als beim Schwangerschaftskonflikt entsteht der Konflikt nicht von selbst, sondern wird vielmehr erst technisch provoziert, denn die PID steht immer im Zusammenhang mit einer IVF. Gegen die erste Gruppe, welche die Erfolgsrate der IVF steigern möchte, sprechen die strengen Regelungen des Embryonenschutzes. Der Embryo wird hier nicht zum Zweck seiner eigenen Erhaltung untersucht, denn eine Gentherapie am Embryo, die diese Erhaltung ermöglichen würde, ist bisher nicht möglich.

Nicht nur katholische und protestantische Ethiker und Ethikerinnen warnen vor dem Paradigmenwechsel, der durch die PID bezüglich des Elternschaftskonzepts stattfindet. Auch nach eigenem Bekunden „religiös unmusikalische" Intellektuelle wie der weltweit anerkannte deutsche Philosoph Jürgen Habermas haben sich besorgt in die Debatte eingeschaltet. Seine Einwände zielen vor allem auf eine befürchtete Ausweitung der PID in Richtung einer liberalen Eugenik ab, die nicht mehr nur nach einem schweren genetischen Defekt sucht, sondern sich nach und nach an „die präferenzgeleitete Verfügung über menschliches Leben" gewöhnt. Gegen die PID wendet Habermas ein:

„Diese Art der vorsätzlichen Qualitätskontrolle bringt einen neuen Aspekt ins Spiel – die Instrumentalisierung eines unter Vorbehalt erzeugten menschlichen Lebens für die Präferenzen und Wertorientierungen Dritter. Die Selektionsentscheidung orientiert sich an der wünschenswerten Zusammensetzung des Genoms. Eine Entscheidung über Existenz oder Nichtexistenz fällt nach Maßgabe des potentiellen *Soseins*. Die existentielle Entscheidung zum Abbruch einer Schwangerschaft hat mit dieser merkmalsorientierten Verfügbarmachung, dem Sortieren vorgeburtlichen Lebens, ebenso wenig zu tun wie mit der Konsumtion dieses Lebens für Zwecke der Forschung."[60]

Ein Kennzeichen des Person-Seins war bisher die Erfahrung des „natürlich Unverfügbaren". Eine Person verstand sich als Autor ihrer eigenen Handlungen und Ansprüche. Sie konnte sich mit ihrer Herkunft reflexiv auseinandersetzen, weil sie letztlich „sie selbst" sein und sich gegenüber den Ansprüchen anderer verteidigen konnte. In der Auseinandersetzung mit Erwachsenen konnten Heranwachsende die Asymmetrie ihrer kindlichen Abhängigkeit nach und nach kritisch beantworten, ablegen, aufarbeiten und ausgleichen. Genau dies ist aber nicht mehr möglich, wenn die Eltern als eigentliche Autoren der eigenen Lebensgeschichte betrachtet werden müssen. Die dadurch entstandene Abhängigkeit ist nie mehr ausgleichbar. Der Programmierer und das von ihm hervorgebrachte Produkt können niemals mehr ihren sozialen Platz wechseln, das Abhängigkeitsverhältnis bleibt für immer bestehen. „Das Produkt kann, um es zuzuspitzen, für seinen Designer nicht seinerseits ein Design entwerfen."[61]

In einer rechtlichen Gemeinschaft von freien und gleichen Personen bleibt diese Art von Abhängigkeit ein Fremdkörper, der in der Geschichte des Selbstverständnisses des Menschen völlig neu ist. Die Person ist „gemacht" und „verfügbar" geworden und damit das genaue Gegenteil von dem, was bisher philosophisch unter „Person" verstanden worden ist. Die Person wird folglich dann mit ihrer „Gemachtheit" und „Verfügbarkeit" auch für alle anderen Zwecke instrumentalisierbar. Die PID hat damit einen Dammbruch in der Einstellung des Menschen zu sich selbst bewirkt, der in all seinen Konsequenzen noch gar nicht absehbar ist. Jedenfalls ist nach Habermas zumindest die gedankliche Vorbereitung des Designerbabys als Ausdruck einer liberalen Eugenik durch die PID bereits ebenso erfolgt wie der Schritt hin zur verbrauchenden Embryonenforschung.

Warum ist es für Paare, die sich ein Kind wünschen, wichtig, sich solcher Fundamentalkritik zu stellen? Haben sie nicht ein „Recht auf ein gesundes Kind"? So hart die Antwort auf diese Frage klingt, so klar ist sie auch: Nein. Ein Recht auf ein gesundes Kind gibt es ebenso wenig wie das Recht auf ein Kind generell. Alle Eltern wünschen sich, ein gesundes Kind zu bekommen. Aus diesem Wunsch ist aber kein Recht ableitbar, das um jeden Preis durchgesetzt werden müsste. Ethisch gesehen sind Entscheidungen niemals nur eine individuelle Angelegenheit, sondern haben immer auch soziale Konsequenzen und im Falle der PID laut Habermas und anderen Philosophen und Philosophinnen Konsequenzen für unser Verständnis vom Menschsein selbst.

Verbrauchende Embryonenforschung

Die deutsche Politikerin und Juristin Margot von Renesse hat einmal gesagt: „Ein Embryo – auch wenn er in vitro erzeugt ist – ist das zukünftige Kind zukünftiger Eltern und sonst nichts. Er steht für andere Zwecke nicht zur Verfügung."[62] Solche Statements untermauern vor allem eine beziehungsethische Argumentation, wonach das ungeborene Kind nicht einfach zu einem anderen Zweck „umfunktioniert" werden kann, weil es – auch als Ungeborenes – seine „Erzeuger" zu werdenden Eltern macht und damit bereits in einer Beziehung steht, die wie alle Beziehungen nach einer Entscheidung verlangt – nämlich der Entscheidung, zu diesem Kind „Ja" zu sagen und es anzunehmen. Paare mit Kinderwunsch ersehnen sich kaum etwas so sehr wie diese Anfrage oder diese leise Bitte, die sich zunächst einmal körperlich bei der werdenden Mutter äußert – indem diese nämlich ihre Schwangerschaft wahrnimmt.[63] Kinderwunschpaare werden diese Beziehung allem menschlichen Ermessen nach mit einem kräftigen „Ja" beantworten und die Beziehung nun sehr bewusst fortsetzen, die ihr ganzes Leben verändern wird.

Was aber bei den sog. überzähligen Embryonen, die durch die IVF entstehen? Auch sie sind einmal mit dem Wunsch gezeugt worden, Kinder zu werden. Darf man sie zu anderen Zwecken nutzen? Die verbrauchende Embryonenforschung und ihre Befürworter argumentieren, dass sie einem hochstehenden Ziel dienen, nämlich Krankheiten heilen zu helfen: Alzheimer wird hier ebenso genannt wie Parkinson und Krebs. Die Gegner solcher Argumentation wenden ein, dass sich solche Versprechungen trotz intensiver Forschung seit Jahrzehnten noch immer im Stadium der Spekulationen oder Verheißungen bewegen. Für die Embryonen selbst kommen sie gar nicht zur Anwendung – sie haben von der Therapie ja nichts, denn sie werden zu Forschungszwecken verbraucht. Auch hier sei Habermas zitiert:

„Nehmen wir an, dass sich mit der verbrauchenden Embryonenforschung eine Praxis durchsetzt, die den Schutz vorpersonalen menschlichen Lebens gegenüber ‚anderen Zwecken', und sei es auch gegenüber der Aussicht auf die Entwicklung von hochrangigen kollektiven Gütern (z. B. neuer Heilverfahren), als nachranging behandelt. Die Desensibilisierung unseres Blickes auf die menschliche Natur, die mit der *Eingewöhnung* einer solchen Praxis Hand in Hand ginge, würde den Weg zu einer liberalen Eugenik ebnen [...] Der Blick auf eine mögliche Zukunft der menschlichen Natur belehrt uns über den Regelungsbedarf, der heute schon entstanden ist. Normative Schranken im Umgang mit Embryonen ergeben sich aus der Sicht einer moralischen Gemeinschaft von Personen, die die Schrittmacher einer Selbstinstrumentalisierung der Gattung abwehrt [...]"[64]

Mit den warnenden Worten von Habermas zur Selbstverzweckung des Menschen, welche den Schutz der Person zugunsten anderer Zwecke aufgibt und genau damit seine eigene Menschenwürde aushöhlt, steht damit endgültig die Frage im Raum, was der Embryo ist und wie embryonales Leben bewertet werden muss.

5. POSITIONIERUNGEN

Angesichts der vorausgegangenen Überlegungen vor allem von Jürgen Habermas wird sehr deutlich, dass die Frage nach dem embryonalen Leben keineswegs nur eine Frage an die Naturwissenschaften ist. Medizin, Biologie und verwandte Naturwissenschaften können über embryonale Stadien Auskunft geben und den Entwicklungsprozess beschreiben. Welchen Status jedoch der Embryo hat, ob und wann und inwiefern er (nicht) als jemand, als Ding, als Mensch oder als Person zu betrachten ist, ist eine Frage philosophischer Überlegungen. Kein Ultraschallbild der Welt wird bei der Beantwortung dieser Frage jemals helfen können. Die philosophisch-ethischen Diskussionen über den Status des Embryos füllen dann auch viele Bände und können hier aufgrund der Fülle des vorhandenen Materials nicht einfach zusammengefasst werden. Vielmehr sollen im folgenden Kapitel sehr profilierte Positionen dargestellt und erklärt werden, die zum Thema Reproduktionsmedizin und zu den mit ihm verbundenen Fragen erarbeitet worden sind. Zumindest die ersten beiden Positionen – die der katholischen und der protestantischen Kirchen und ihrer jeweiligen theologischen Entfaltung – sind dezidiert einem christlichen Menschenbild verpflichtet. Eine geschlechtersensible bzw. auch dezidiert feministische Position ist das nicht, ist aber – wenn auch in unterschiedlichem Maße – durchaus skeptisch gegenüber den Errungenschaften der Reproduktionsmedizin. Sie bilden also beide einen in der gesellschaftlichen Diskussion wichtigen Gegenpol zu einer unkritischen Begeisterung, die zu mangelnder Information und zu falschen Erwartungen an die Medizin führt. Wichtig ist an dieser Stelle der Hinweis darauf, dass auch eine angeblich wertneutrale Biotechnologie, die es in Wahrheit nicht gibt, nur auf dem Hintergrund eines bestimmten Menschenbildes arbeitet und von daher gesehen auch ihre ethischen Forderungen stellt. Im letzten Kapitel über verbrauchende Embryonenforschung wurde das mit Habermas Warnung vor der Selbstinstrumentalisierung des Menschen bereits festgestellt. Es ist also falsch zu glauben, die Biomedizin würde allein auf naturwissenschaftlichen Grundlagen beruhen und sei frei von jeder weltanschaulichen oder religiösen Überzeugung. Der feste Glaube vieler Zeitgenossen und -genossinnen an die Heilsversprechen der Biomedizin zeugt vom Gegenteil. Auch wenn es zunächst überraschen mag: Die angeblich säkulare Biotechnologie ist voll von Glaubensbekenntnissen, Verheißungen, verehrten Autoritäten und Ritualen. Es lohnt sich daher, auch einmal die Argumente der Minderheitenposition, der Skeptiker und Skeptikerinnen, zu hören und zu durchdenken. Dabei ist von ihnen allen, ob nun religiös oder nicht, eine gut begründete Argumentation verlangt, die für alle Menschen rational zugänglich und nachvollziehbar ist.

Die katholische Position: Lehramtliche Dokumente und philosophisch-theologische Argumente

Es ist weithin bekannt, dass die katholische Kirche in ihren offiziellen Stellungnahmen die Methoden der Reproduktionsmedizin und ihre Anwendung grundsätzlich ablehnt. Dies gilt sowohl für die erste und bis heute grundlegende Stellungnahme des Lehramts, die Instruktion „Donum Vitae" (1987)[65] als auch für die neueste Instruktion zum Thema „Dignitas Personae. Über einige Fragen der Bioethik" (2008).[66] Beide lehnen IVF in jeder Form, in heterologer sowie in homologer Form, ab. Die grundsätzlichen Gründe für die Ablehnung deuten sich bereits im Titel von „Donum Vitae" an. „Donum Vitae" (lat.) bedeutet übersetzt „Geschenk des Lebens" und dieser Gedanke ist ein wichtiger Aspekt genuin theologischer Argumentation. Leben ist eben nichts, was der Mensch selbst machen könnte oder machen sollte. Es ist und bleibt ein Geschenk, das nicht erzwungen werden kann.

Die weiteren Gründe sind ebenfalls im Titel enthalten: Es geht (1) um die Achtung vor dem beginnenden menschlichen Leben und (2) um die Würde der Fortpflanzung. Das Lehramt stellt klar:

„[…] die Frucht der menschlichen Zeugung [erfordert] vom ersten Augenblick ihrer Existenz an, also von der Bildung der Zygote an, jene unbedingte Achtung, die man dem menschlichen Wesen in seiner leiblichen und geistigen Ganzheit sittlich schuldet. Ein menschliches Wesen muss vom Augenblick seiner Empfängnis an als Person geachtet und behandelt werden, und infolgedessen muss man ihm von diesem selben Augenblick an die Rechte der Person zuerkennen und darunter vor allem das unverletzliche Recht jedes unschuldigen menschlichen Wesens auf Leben. Dieser Verweis auf die kirchliche Lehre liefert das grundlegende Kriterium für die Lösung der verschiedenen Probleme, die durch die Entwicklung der biomedizinischen Wissenschaften auf diesem Gebiet entstanden sind: Da er als Person behandelt werden muss, muss der Embryo im Maß des Möglichen wie jedes andere menschliche Wesen im Rahmen der medizinischen Betreuung auch in seiner Integrität verteidigt, versorgt und geheilt werden." (DV I, 26)

Auffallend ist hier die Vorsicht, mit der das Lehramt seine Worte wählt: Es spricht *nicht* davon, dass der Embryo vom ersten Augenblick seines Daseins an Person *ist*, sondern als Person *„zu achten"* ist. Damit wird klar, dass das Lehramt sich nicht als der beste Genetiker oder Humanbiologe der Welt betrachtet, der die ultimative Erkenntnis hat, sondern dass die Frage des Umgangs mit dem Embryo letztlich nur auf philosophischem Wege gelöst werden kann. Es geht um die Haltung, die man dem ungeborenen Leben entgegenzubringen hat, nämlich der „Achtung vor seiner Personalität". Das bedeutet, dass der Embryo nicht irgendein Ding oder ein Objekt, sondern ein „Jemand" ist – ein Jemand, dessen Würde respektiert werden muss.

Die Vorsicht, die aus dieser Formulierung spricht, ist dem sog. *tutioristischen* Ansatz (lat. tutum = sicher) geschuldet – einer moraltheologischen Denkschule, die davon ausgeht, dass man bei der Frage nach dem richtigen Handeln im Zweifelsfall die „sichere Alternative“ vorzuziehen hat. Dass die Frage nach der Personalität und der Würde des Embryos kontrovers diskutiert werden kann, ist dem Lehramt bekannt: Tatsächlich haben auch Theologen viele Jahrhunderte unterschiedliche Theorien entwickelt, wann denn genau Gott dem ungeborenen Leben eine Seele einhauche, direkt bei der Erschaffung oder erst nach einer gewissen Zeit. Eine der bekanntesten Vorstellungen war die Theorie der *Sukzessivbeseelung* (lat. succedere = von unten nachrücken, nach und nach) nach Thomas von Aquin bzw. Aristoteles. Nach dieser Tradition erschafft Gott die Geistseele unmittelbar und senkt sie jedem einzelnen Fötus als Abschluss seiner Beseelung ein – dem männlichen Fötus am 40. Tag und dem weiblichen Fötus am 80. Tag nach der Empfängnis. Davor durchläuft der Embryo jedoch eine vegetative und eine sensitiv-animalische Lebensphase – ein Prozess, der dann durch die Einsenkung der spezifisch menschlichen Geistseele abgeschlossen ist. Es wurde also schon lange diskutiert, ob der Embryo bzw. der Fötus „beseelt“ oder „unbeseelt“ ist und damit in gewissem Sinne eine Art „Vorläuferdiskussion“ der heutigen Debatten um die Personalität des Embryos geführt. Humanbiologische Erkenntnisse, insbesondere die Entdeckung der Existenz der weiblichen Eizelle durch Karl Ernst von Baer im Jahr 1827, stellten dann alle bisherigen Theorien in Theologie und Biologie über die Deutung des menschlichen Lebensbeginns auf den Kopf. Die Komplexität der Befruchtungsvorgänge ruft auch heute noch bei jeder These prompt die Gegenthese auf den Plan, doch lässt sich humanbiologisch und genetisch der Zeitpunkt der Entstehung individuellen menschlichen Lebens relativ klar angeben, nämlich innerhalb eines engen Zeitkorridors, der mit dem Eindringen eines Spermiums in die Eizelle beginnt und mit dem Abschluss der sog. Befruchtungskaskade 20 bis 24 Stunden später endet. „Wenn die bis dahin getrennten Zellkerne ihre Membranen auflösen, entstehen die 23 Chromosomenpaare, die das neue Genom ausmachen. Spätestens von diesem Vorgang an, der (nicht ganz korrekt) häufig als Kernverschmelzung bezeichnet wird, ist das genetische Entwicklungsprogramm des Menschen konstituiert.“[67] In dem genannten Zeitkorridor bleibt allerdings umstritten, ob der frühestmögliche Zeitpunkt, das sog. Vorkernstadium, oder sein Ende als Beginn individuellen menschlichen Lebens betrachtet werden soll. Bekannte theologische Ethiker wie Eberhard Schockenhoff argumentieren, dass viele gute Gründe für das Ende sprechen.[68] Sicher ist jedenfalls, dass sich der Embryo *als* Mensch entwickelt, dass es sich also in jedem Stadium um einen Menschen handelt und nicht um irgendeine andere Art oder irgendein Ding.

Das Lehramt greift in „Donum Vitae" diese Detailfragen nicht auf, mahnt aber dazu, im Zweifelsfall den für den Embryo sichersten Weg zu gehen und ihn in jedem Fall „vom ersten Augenblick seines Daseins an", also zum frühestmöglichen Zeitpunkt, als Person zu achten. Er ist also in keinem Stadium ein Objekt, mit dem experimentiert oder das in irgendeiner Weise manipuliert werden darf. Da die Reproduktionsmedizin experimentelle Forschung umfasst, den Weg zu genetischen Manipulationen am Embryo eröffnet, den Embryo kryokonserviert und vernichtet, verstößt sie nach Auffassung des Lehramts auf fundamentale Art und Weise gegen seine Würde.

Noch klarer und im Ton schärfer als in „Donum Vitae" verteidigt die jüngste Instruktion „Dignitas Personae" diese Würde des Embryos gegen die Degradierung zu einem bloßen Objekt, zu einer reinen Ansammlung von Zellen, die zu jedem Zweck gebraucht werden darf. Ausdrücklich wendet sie sich unter Voraussetzung dieses Arguments gegen Kryokonservierung, verbrauchende Embryonenforschung, Embryonenreduktion, aber auch Embryonenspende. Mittlerweile werde der Verbrauch von Embryonen in der Reproduktionsmedizin bereits von vornherein in Kauf genommen, um einen möglichst hohen Output zu erzielen, so DP II, 14. Ein Interesse am Lebensrecht des Embryos sei bereits nicht mehr vorhanden, der Embryo diene nur mehr als Rohmaterial.[69]

Der zweite Grund der ablehnenden Haltung des Lehramts gegenüber der IVF und ihren verwandten Formen liegt in der Ehelehre der katholischen Kirche begründet:

„Die Zeugung einer neuen Person, durch die Mann und Frau mit der Macht des Schöpfers mitarbeiten, soll Frucht und Zeichen des gegenseitigen personalen Sich-Schenkens der Eheleute sein, ihrer Liebe und ihrer Treue. Die Treue der Eheleute in der Einheit der Ehe umfasst die gegenseitige Achtung ihres Rechtes, dass der eine nur durch den anderen Vater oder Mutter wird. Das Kind hat ein Recht darauf, innerhalb der Ehe empfangen, ausgetragen, auf die Welt gebracht und erzogen zu werden: Gerade durch die sichere und anerkannte Beziehung zu den eigenen Eltern kann es seine eigene Identität entdecken und menschlich heranreifen. Die Eltern finden im Kind eine Bestätigung und Ergänzung ihrer gegenseitigen Hingabe: Es ist der lebendige Widerschein ihrer Liebe, das bleibende Zeichen ihrer ehelichen Gemeinschaft, die lebendige und unauflösliche Einheit ihres Vater- und Mutterseins. Kraft der Berufung und der sozialen Verantwortung der Person tragen das Wohl der Kinder und der Eltern zum Wohl der Gesellschaft bei. Die Lebenskraft und das Gleichgewicht der Gesellschaft erfordern, dass die Kinder im Schoß einer Familie zur Welt kommen und dass diese fest auf der Ehe gegründet ist. Die Überlieferung der Kirche und die anthropologische Reflexion erkennen in der Ehe und in ihrer unauflöslichen Einheit den einzig würdigen Ort einer wahrhaft verantwortungsvollen Fortpflanzung." (DV II, A1)

Nun könnte man gegen diese Ausführungen einwenden, dass sie sich vielleicht nur gegen heterologe Formen der Reproduktionsmedizin wenden, weil hier Samen- oder Eizellspende zu einer Aufspaltung der Elternschaft führen und tatsächlich fällt die Verurteilung heterologer Formen der IVF scharf aus:

„Der Rückgriff auf die Keimzellen einer dritten Person, um den Samen oder die Eizelle zur Verfügung zu haben, bedeutet einen Bruch der gegenseitigen Verpflichtung der Eheleute und eine schwere Verfehlung in Hinblick auf eine wesentliche Eigenschaft der Ehe, nämlich ihre Einheit. Die heterologe künstliche Befruchtung verletzt die Rechte des Kindes, beraubt es der Kind-Beziehung zu seinen elterlichen Ursprüngen und kann das Reifen seiner persönlichen Identität behindern. Sie bedeutet außerdem einen Angriff auf die gemeinsame Berufung der Eheleute, die zur Vater- oder Mutterschaft berufen sind: Sie beraubt objektiv die eheliche Fruchtbarkeit ihrer Einheit und Integrität; sie bewirkt und manifestiert einen Bruch zwischen genetischer Elternschaft, Austragungselternschaft und Erziehungsverantwortung. Eine solche Veränderung der persönlichen Beziehungen im Inneren der Familie hat ihre Auswirkung auf die staatliche Gesellschaft: Was die Einheit und die Festigkeit der Familie bedroht, ist Quelle von Streit, Unordnung und Ungerechtigkeiten im gesamten sozialen Leben. Diese Gründe führen zu einem negativen moralischen Urteil über die heterologe künstliche Befruchtung." (DV II, A2)

Jedoch auch die Inanspruchnahme homologer Formen der Reproduktionsmedizin *innerhalb* der Ehe wird abgelehnt – und zwar immer dann, wenn der eheliche Akt durch die medizinische Maßnahme *ersetzt* wird. Therapeutische Eingriffe, um die Hindernisse der Fruchtbarkeit zu beseitigen (beispielsweise Endometriose-Behandlungen oder die Operation der Eileiter) sind für das Lehramt äußerst wünschenswert, wie DP II, 13 ausdrücklich darlegt.[70] Eine klare Ablehnung bezieht sich jedoch auf die IVF bzw. auf verwandte Formen wie die ICSI, welche zu Fortpflanzungszwecken an die Stelle des ehelichen Akts treten. Laut Lehre der Kirche dürfen die beiden Sinngehalte der Ehe – „liebende Vereinigung und Fortpflanzung" niemals voneinander getrennt werden. Die Begründung für die grundsätzliche Ablehnung von IVF/ICSI – auch in der Ehe – schuldet sich der Tatsache, dass für das Lehramt leibliche und geistige Dimension in der Ehe immer miteinander verknüpft sein müssen:

„Die Eheleute drücken einander ihre personale Liebe in der ‚Sprache des Leibes' aus, die deutlich den Ausdruck gegenseitiger Hingabe mit der Bestimmung zur Elternschaft verbindet. Der eheliche Akt, durch den die Eheleute einander ihre Selbsthingabe kundtun, drückt zugleich die Öffnung zum Geschenk des Lebens aus: Er ist ein untrennbar leiblicher und geistiger Akt zugleich […] Eine außerhalb des Leibes der Eheleute erlangte Befruchtung bleibt gerade deswegen der Sinngehalte und der Werte beraubt, die sich in der

Sprache des Leibes und der Vereinigung der menschlichen Personen ausdrücken." (DV II, B4)

Viele theologische Ethiker und Ethikerinnen haben argumentiert, dass sich die Einheit von Liebe und Fortpflanzung in der Ehe auf ihre Gesamtheit beziehen würden – also auf das große Ganze eines gemeinsamen Lebens, nicht auf jeden einzelnen ehelichen Akt. So gesehen könnte die Inanspruchnahme von IVF und ICSI durchaus vertretbar sein, denn diese Methoden rauben einer Ehe ja nicht die bleibende Verbundenheit der beiden Sinngehalte insgesamt. Schließlich werden beide Methoden auch von katholischen Ehepaaren als medizinische Hilfsmaßnahme eingesetzt, ein Kind zu bekommen. Sie handeln also mit dem ausdrücklichen Ziel, dem Aspekt der Fortpflanzung in ihrer Ehe sozusagen auf die Sprünge zu helfen. Das Lehramt geht auf diese Argumentation ein:

„[...] Aber – so fragt man – falls es unmöglich wäre, die Sterilität, die Ursache von Leid ist, anders zu beheben, kann dann die homologe In-vitro-Befruchtung nicht eine Hilfe, ja sogar eine Therapie darstellen, und kann deshalb dann nicht deren moralische Zulässigkeit angenommen werden? Der Wunsch nach einem Kind – oder zumindest die Bereitschaft dazu, das Leben weiterzugeben – ist aus moralischer Sicht für eine verantwortliche menschliche Zeugung erforderlich. Doch diese gute Absicht ist für eine moralisch positive Bewertung der In-vitro-Befruchtung zwischen Eheleuten nicht ausreichend. Das Verfahren der FIVET[71] muss in sich selbst bewertet werden; es kann seine endgültige moralische Bewertung weder aus dem ehelichen Leben in seiner Gesamtheit herleiten, in das es sich einfügt, noch von den ehelichen Akten, die ihm vorangehen, noch von denen, die ihm folgen mögen." (DV II, B5)

Das Lehramt bleibt also bei seiner Ablehnung auch homologer Formen der IVF und will den Embryo, sein Leben und seine Identität, nicht der „Macht der Medizin“ anvertrauen. Im Gegensatz zu „Dignitas Personae“, das die mittlerweile fast selbstverständlich gewordene Inanspruchnahme der IVF, der ICSI und der PID im Hinblick auf die Würde des Embryos sehr klar verurteilt, unterscheidet „Donum Vitae" zwischen heterologen und homologen Formen: Die „homologe FIVET [ist] nicht von all der ethischen Negativität belastet, die man in der außerehelichen Fortpflanzung vorfindet; Familie und Ehe bleiben weiterhin der Raum für die Geburt und die Erziehung des Kindes." (DV II, B5) Dennoch bleibt die Kirche bei ihrer Ablehnung der IVF als „in sich unerlaubt" und damit in keinem Fall vertretbar. Ausdrücklich wird allerdings festgehalten, dass Kinder, die mithilfe von IVF gezeugt werden, selbstverständlich als Geschenke Gottes zu betrachten sind und mit Liebe aufgezogen werden sollen.

Auch für das Leid unfreiwillig kinderloser Paare äußert das Lehramt in „Donum Vitae" und in „Dignitas Personae" ausdrücklich Verständnis und spricht von Sterilität als einer harten Prüfung:

„Die Gemeinschaft der Gläubigen ist aufgerufen, das Leid derer, die einen berechtigten Wunsch nach Vater- und Mutterschaft nicht erfüllen können, zu erhellen und mitzutragen. Die Eheleute, die sich in dieser schmerzlichen Lage befinden, sind aufgerufen, in ihr die Gelegenheit für eine besondere Teilnahme am Kreuz des Herrn zu entdecken, eine Quelle geistlicher Fruchtbarkeit." (DV II, B8)

Außerdem sollten die unfruchtbaren Ehepaare nicht vergessen, dass ihre Ehe nicht an Wert verliert, wenn sie kinderlos bleibt. Zur Bewältigung der Kinderlosigkeit empfiehlt das Lehramt die Erleichterung von Adoptionsbedingungen, pädagogische Tätigkeiten sowie die Hilfe für andere Familien, für arme und behinderte Kinder. (DV II, B8)

Viele theologische Ethiker im deutschsprachigen Bereich haben sich dieser kategorischen Ablehnung der IVF/ICSI nicht angeschlossen. Sie halten zumindest die homologen Formen der Reproduktionsmedizin, auch homologe IVF, unter bestimmten Bedingungen für vertretbar. Entscheidend sind dabei die rechte Motivation der Ehepartner und die Bedingung, möglichst keine Embryonen zu vernichten.[72] Für diese Argumentation war die kritische Rezeption der Enzyklika *Humanae Vi-*

tae entscheidend, „welche das Argument der unlösbaren Verknüpfung von Liebesbezeugung und Zeugung in jedem ehelichen Akt als nicht zwingend ausweist. Stattdessen wird im Anschluss an *Gaudium et spes* [Pastoralkonstitution des Zweiten Vatikanischen Konzils, Anm. d. Verf.] betont, dass der personale Anspruch hinsichtlich dieser beiden Sinngehalte menschlicher Sexualität sich auf die Ehe und eheliche Liebe als ganze erstreckt, nicht aber auf jeden einzelnen Akt [...] insofern durch die intentionale Einheit der Ehepartner eine Zeugung via IVF die personale Relation nicht notwendig gefährdet, diese vielmehr aus ihr entspringt und somit in diese integriert bleibt. Somit kann das Kind als unter medizinischer Assistenz hervorgegangene Frucht der ehelichen Liebe begriffen werden."[73] Im US-amerikanischen Bereich spielt bei der ebenfalls unterschiedlichen Bewertung von heterologer und homologer IVF auch die Bedingung der Verteilungsgerechtigkeit eine Rolle, wie sie beispielsweise die theologischen Ethikerinnen Maura Ryan und Lisa Cahill entfaltet haben, denn es muss gewährleistet sein, dass finanzielle Ressourcen zur Unterstützung der Kinderwunschbehandlung nicht Ressourcen verschlingen, die an einem anderen Ort zur Sicherung humanitärer Grundbedürfnisse benötigt werden.[74] Grundsätzlich gilt aber auch ihnen die homologe Form der IVF als weniger bedenklich, während heterologe Formen wegen der Spaltung der Elternschaft und damit einhergehender Belastungen für die Entwicklung des Kindes abgelehnt werden.

Die Frage aller Fragen im Zusammenhang mit IVF ist damit jedoch noch nicht geklärt, nämlich die Frage, welchen Status der Embryo innehat, ob er zu Recht und rational begründbar als Person betrachtet wird und ob er daher vollen Würdeschutz beanspruchen kann. Diese Diskussionen sind besonders im Blick auf philosophische Geistesströmungen aus dem angelsächsischen Bereich von Bedeutung, welche die grundsätzliche Personalität *jedes* Menschen bestreiten. Sie alle gehen letztlich auf die empiristische Philosophie zurück, die im 17. Jahrhundert in England auf Grundlage des Werkes von John Locke (1632–1704) entstanden ist und die sich vor allen im sog. *Utilitarismus*[75] (lat. utilis = nützlich) manifestiert hat. Der Utilitarismus vertritt einen Personbegriff, wonach nur derjenige als Person zu bezeichnen ist, der *empirisch* – also durch objektive Messungen nachweisbar – über Selbstbewusstsein verfügt. Messbare Eigenschaften wie eine bestimmte Intelligenz oder auch die Fähigkeit zur Selbsterkenntnis müssen nachgewiesen werden können, damit überhaupt von Personalität die Rede sein kann. Nach diesem Verständnis von Person-Sein gibt es Menschen, die diese Eigenschaften unter Umständen *nicht* vorweisen können: Demenzkranke, schwer behinderte Kinder, Säuglinge generell, Komapatienten – bei ihnen allen ist zumindest in bestimmten Phasen fraglich, ob sie sich ihrer selbst bewusst sind und wie hoch entwickelt ihre Intelligenz ist. Folglich ist es möglich, ihnen das Person-Sein abzusprechen. Der australische Bioethiker Peter Singer, einer der bekanntesten Vertreter dieses Ansatzes, schlussfolgert aufgrund des empirischen Personbegriffs, dass bei Lebewesen wie beispielsweise bei den großen Menschenaffen wie Schimpanse und Gorilla, die nachweislich über eine hohe Intelligenz und über Selbstbewusstsein verfügen bzw. fähig sind, sich auch sprachlich dem Menschen mitzuteilen, gute Gründe bestehen, sie als Personen zu bezeichnen. Damit verliert der Mensch seine Sonderstellung in der Ethik und kann sich nicht mehr einfach darauf berufen, in jedem Fall Person zu sein, was sein Recht auf Leben schützt und ein Tötungsverbot begründet:

„Nur eine Person kann weiterleben *wollen* oder Zukunftspläne haben, denn nur sie kann die Möglichkeit einer zukünftigen Existenz ihrer selbst überhaupt verstehen. Das bedeutet, dass es etwas anderes ist, das Leben einer Person gegen ihren Willen zu beenden, als das Leben eines Wesens zu beenden, das keine Person ist. Strenggenommen können wir im Fall derer, die nicht Personen sind, nicht einmal davon sprechen, dass ihr Leben gegen oder mit ihrem Willen beendet wird, weil sie gar nicht fähig sind, in einer solchen Sache einen Willen zu haben."[76]

Da Embryonen empirisch nachweisbar ihren Willen nicht äußern können, sind sie für Singer also nicht als Person zu betrachten. Folglich können sie ohne moralische Bedenken getötet werden: „Der Embryo hat und hatte niemals irgendwelche Bedürfnisse und Wünsche, wir können ihm also kein Unrecht tun, indem wir etwas tun, das seinen Wünschen entgegensteht. Wir können ihm auch kein Leiden auferlegen. Das heißt also, der Embryo ist zu diesem Zeitpunkt kein Wesen, dem Unrecht geschehen könnte, so wenig wie die Eizelle vor der Befruchtung."[77]

Singers Position ist in ihrer Radikalität und ihren dezidiert antichristlichen Impulsen herausragend, doch kann sie durchaus stellvertretend für die Dominanz des empirischen Personbegriffs in der derzeitigen Diskussion über ethische Fragen generell stehen. Auch in einer postsäkularen Gesellschaft besteht bezüglich Person-Sein und dem Würdebegriff kein Konsens mehr. Auf dem Hintergrund solcher Debatten, deren enorme Konsequenzen für den Umgang mit Behinderten, Alten und Kindern leicht gezogen werden können, wird verständlich, warum theologische Ethiker und Ethikerinnen die Personalität des Menschen zu verteidigen suchen. Folgende Argumente werden dabei benutzt und stützen auch die tutioristische Argumentation des Lehramts, wie sie oben bereits thematisiert worden ist:

Das *Identitätsargument* besagt, dass der Mensch in jeder Phase seiner Entwicklung ein- und derselbe ist, also nicht plötzlich ab einer bestimmten Entwicklungsstufe ein anderer ist, als er vorher war. Würde man einen Film drehen, so wäre der Protagonist letztlich immer derselbe, auch wenn er zunächst als Embryo, dann als Säugling, als Jugendlicher, als Erwachsener und im Altersheim dargestellt wird. Er entwickelt sich *als* Person, nicht *zur* Person. Würde man dieses Argument bestreiten, müsste nachgewiesen werden, dass der Mensch *vor* seinem Person-Sein ein anderes Wesen, ein Etwas, war.

Gegen das Argument von der Identität gibt es vor allem von naturwissenschaftlicher Seite Einwände, denn schließlich gibt es bis ca. 14 Tage nach Befruchtung des Eis noch die Möglichkeit der eineiigen Zwillingsbildung. Man kann also zunächst nicht sagen, ob ein oder zwei Individuen entstehen. Ist daher der Begriff der Identität von Person tatsächlich vor dem 14. Tag überhaupt anwendbar? Philosophen rechtfertigen das Identitätsargument, indem sie festhalten, dass es nicht denkbar sei, dass aus einem *Nicht*-Individuum zwei Individuen entstehen. Sie sprechen von einem „Ursprungsembryo", aus dem die zwei anderen hervorgehen und der nach wie vor als Person gedacht werden kann.[78]

Eng mit dem Identitätsargument verknüpft ist das *Kontinuitätsargument,* wonach die Entwicklung des menschlichen Embryos von der Befruchtung bis zur Geburt kontinuierlich verläuft, so dass keine Zäsur gesetzt werden könnte, welche als so gravierend erscheint, dass vorher von einer *Nicht*-Person und nachher von Person gesprochen werden könnte. Tatsächlich gibt es viele Versuche, Zäsuren zu ziehen, die beispielsweise die Forschung an Embryonen vor dem 12. oder vor dem 14. Tag rechtfertigen könnten. In der angelsächsischen Diskussion ist hier beispielsweise vom Prä-Embryo die Rede, der auch rechtlich nicht unter die staatlichen Schutzbestimmungen fällt.

Als gewichtigstes Argument nennt die theologische Ethik schließlich das *Potentialitätsargument*, wonach der Embryo grundsätzlich *von sich aus* die Möglichkeit hat, sich als Mensch zu entwickeln. Es ist wichtig, das Potentialitätsargument richtig zu benutzen, denn seine Kritiker haben theologischen Ethikern vorgehalten, dass nach dieser Argumentation bereits für Ei- und Samenzelle Personalität und Menschenwürde beansprucht werden müsste. Schließlich tragen auch sie beide in gewissem Sinne die Möglichkeit der Entstehung eines neuen Menschen in sich. Das Potentialitätsargument darf jedoch nur für den Embryo benutzt werden. Nur er besitzt die a*ktive* Potenz, sich von sich aus zu einem Subjekt zu entwickeln. Samen- und Eizelle können jeweils allein und von sich aus keine neue Person hervorbringen. Erst mit dem neuen Programm aus Samen- und Eizelle entsteht etwas einzigartig Neues – vorausgesetzt, die Rahmenbedingungen stimmen, sprich: Es erfolgt die Einnistung in den Uterus. Diese Rahmenbedingungen sind die Bedingung, dass der Embryo sich weiterentwickeln kann. Humanbiologen versichern allerdings, dass der Embryo sein Entwicklungsprogramm letztlich selbst steuert.[79] Sein „Programm" kommt nicht durch die Rahmenbedingungen zustande, er ist aber dennoch für seine Weiterentwicklung auf sie angewiesen. Diese Unterscheidung, die zunächst vielleicht als philosophische Spitzfindigkeit erscheinen mag, wird für die feministische Diskussion im übernächsten Kapitel jedoch interessant. Feministische Kritikerinnen, auch Theologinnen, mahnen nämlich theologische Ethiker, Philosophen und Naturwissenschaftler, den Embryo nicht stets losgelöst von seinem Umfeld zu betrachten – als schwebe er sozusagen in einem luftleeren Raum. Er ist ja – sozusagen bildlich gesprochen – eingebettet im Körper einer Frau bzw. es ist bei der IVF das entscheidende Ziel, ihn dort einzubetten, ihn also in die Beziehung einzuordnen. Diese Beziehung *nicht* mit in die Überlegungen einzubauen, erscheint aus Sicht feministischer Philosophie kurzschlüssig und kann noch zu dem beitragen, was doch eigentlich durch die Argumente von Identität, Kontinuität und Potentialität bekämpft werden sollte: die Loslösung des Embryos aus einem personalen Zusammenhang. Bevor darauf zurückzukommen ist, soll aber die Position der protestantischen Kirche zur Reproduktionsmedizin im Mittelpunkt stehen.

Die evangelische Position: Lehramtliche Dokumente und philosophisch-theologische Argumente[80]

Anders als die katholische Kirche hat die evangelische Kirche kein Lehramt, das in der weltweiten Öffentlichkeit für „*die* evangelische Position" steht. Diese Tatsache hat Vor- und Nachteile: Einerseits ist die Vielfalt der Standpunkte und damit auch der Dissens in den protestantischen Kirchen transparenter. Andererseits ist eine ethische Orientierungssuche für Paare mit unerfülltem Kinderwunsch angesichts der Vielfalt der Meinungen ungleich schwieriger. Dementsprechend findet sich in den Stellungnahmen der Evangelischen Kirche Deutschlands (EKD) zu bioethischen Fragen häufig ein abschließender Hinweis auf die Bedeutung der Gewissensentscheidung des/der Einzelnen: „Der Rat der EKD gibt diese Erklärung im Respekt vor der Freiheit der Gewissensentscheidung der Einzelnen ab. Er ruft sie dazu auf, in persönlicher Verantwortung ein eigenes ethisches Urteil zu bilden.“[81]

Im soeben zitierten Text im Februar 2011 – also kurz vor der Gesetzesänderung in Deutschland – geht es um eine Stellungnahme zur PID, welche die grundsätzliche Skepsis der evangelischen Kirche bezüglich IVF und PID belegt:

„Die Zumutbarkeit der Prozedur der Herstellung von befruchteten Embryonen muss erörtert werden. Denn die In-vitro-Fertilisation (IVF) und die Präimplantationsdiagnostik (PID) bringen nur begrenzte Chancen und erhebliche Belastungen mit sich, über die nur wenig gesprochen wird. Das Prozedere ist für Frauen extrem kräftezehrend und beschwerlich, die hormonelle Belastung ist hoch und Spätschäden sind nicht ausgeschlossen. Der Kummer enttäuschter Hoffnung bleibt, denn nur jede fünfte Frau wird nach einer IVF schwanger und sie wird sich während des Heranwachsens des Embryos weiterer pränataler Diagnostik unterziehen müssen.“[82]

Die evangelische Kirche bringt an dieser Stelle sehr deutlich ihre Sorge um die Frauen zum Ausdruck, deren Hoffnungen auf ein Kind enttäuscht werden. Sie kritisiert eine Gesellschaft, die im Namen einer überzogenen Machbarkeits- und Autonomievorstellung bereits schon ungeborenes Leben selektiven Testverfahren unterzieht. Wie die katholische Kirche betonen auch alle protestantischen Kirchen, dass alle Kinder letztlich Geschenke Gottes sind. Ob gesund oder krank, behindert oder nichtbehindert – alle Menschen sind und bleiben unverlierbar Ebenbilder Gottes. Staat, Kirche und Gesellschaft müssen Rahmenbedingungen schaffen, unter denen Menschen mit Behinderung gleichberechtigt am Leben der Gesellschaft partizipieren können. Die PID, die ja eine IVF voraussetzt, ist aus dieser Perspektive keine Hilfe, im Gegenteil: Eine Selektion von „lebenswert“ und „nicht lebenswert“ widerspricht in den Augen der EKD der christlichen Botschaft von ausnahmslos jedem Menschen als Gottes Ebenbild.

Sind sich die Mitglieder des Rates der EKD an diesem Punkt noch einig, so gehen die Meinungen bei der Frage auseinander, ob eine PID nicht doch ethisch vertretbar sein könnte, wenn sie nicht mit dem Ziel der Selektion, sondern mit dem Ziel der Identifizierung von lebensfähigen Embryonen verbunden ist: „Nur in diesen Fällen würde die IVF in Verbindung mit der PID allein dem Ziel dienen, Leben zu ermöglichen.“[83]

Die hier zitierte Stellungnahme der EKD zeigt gut ein Charakteristikum aktueller protestantischer Bioethik, nämlich die starke Konzentration auf eine teleologische Argumentation. *Teleologisch* (griech. télos = Ziel) bedeutet, dass vor allem nach den Zielen und Folgen einer Handlung gefragt wird.[84] Im Hinblick auf die Ziele der Reproduktionsmedizin betonen protestantische Ethiker oft den therapeutischen Charakter der IVF: IVF hilft kinderlosen Paaren, zum langersehnten Wunschkind zu kommen. Aspekte wie der Embryonenschutz, die die Argumentation der katholischen Kirche dominieren, werden diesem Argument von der IVF als Therapie nachgeordnet. Liberale protestantische Theologen wie Ulrich Körtner halten unter Berücksichtigung der Gleichbehandlung von heterosexuellen und homosexuellen Paaren aus verantwortungsethischer Perspektive auch die Aufhebung des Verbots von heterologen Formen der Reproduktionsmedizin für diskussionswürdig, allerdings unter der Voraussetzung, dass der Blick auf das Wohl des Kindes gewahrt bleibt. Leihmutterschaft bildet jedoch auch für ihn eine klare Grenze und wird im Hinblick auf die Totalkommerzialisierung von Frauen und Embryonen abgelehnt.[85] Es herrscht also, wie schon gesagt, in der evangelischen Kirche und auch in der evangelischen Ethik eine große Bandbreite und Vielfalt an Meinungen zum Thema.[86]

Dies war keineswegs immer so. Die älteren Schriften der EKD und die gemeinsam mit der Deutschen Bischofskonferenz verfassten Schriften[87] zum Thema Reproduktionsmedizin und PID zeugen vom starken Bemühen, eine gemeinsame Linie zu finden. So finden sich in der Kundgebung der Synode der EKD von 1987 „Zur Achtung vor dem Leben. Maßstäbe für Gentechnik und Fortpflanzungsmedizin“ Sätze, die in Wortwahl, Stil, aber auch bezüglich der Argumente selbst, stark an die katholische Position erinnern: Im genannten Text rät die Synode ausdrücklich vom Verfahren der extrakorporalen Befruchtung ab und widerlegt einen etwaigen „Anspruch auf ein Kind". Heterologe Formen der Reproduktionsmedizin, also Insemination und IVF durch Samenspende und Eizellspende sowie Leihmutterschaft werden ebenfalls explizit und nachdrücklich abgelehnt, weil sie in den Augen der Teilnehmer und Teilnehmerinnen der Synode durch ihre Aufspaltung der Elternschaft das Wohl von Kindern gefährdeten, einen „Einbruch in die Ehe" bedeuteten und die Ausschließlichkeit ehelicher Beziehungen verletzten. Auch die evangelische Kirche betont 1987:

„Zeugung und Geburt gehören nach christlichem Verständnis in den Zusammenhang von Liebe und Ehe. Dies gilt, obwohl es auch in der Ehe Zeugung ohne Liebe und Schwangerschaft außerhalb der Ehe gibt. Der Zusammenhang von Liebe, Zeugung und Geburt wird aufgelöst, wenn der Akt der Zeugung durch medizinische Eingriffe ersetzt wird. Dies kann zu heute noch nicht absehbaren Folgen führen."[88]

Die Synode verweist überdies darauf, dass die Erfüllung des individuellen Kinderwunsches durch eine extrakorporale Befruchtung erhebliche finanzielle Mittel bindet, die dann an anderer Stelle fehlten. Auch das Argument des Embryonenschutzes, das für die katholische Kirche so zentral ist, ist für die Teilnehmer und Teilnehmerinnen der Synode von 1987 von entscheidender Bedeutung:

„Die Vernichtung überzähliger Embryonen bei extrakorporalen Befruchtungen steht in unauflöslichem Widerspruch zu dem Schutz des werdenden menschlichen Lebens. So entsteht bei extrakorporalen Befruchtungen ein ethischer Konflikt, dessen Austrag hohes Verantwortungsbewusstsein erfordert. Der medizinische Eingriff mutet eine größere Verantwortungslast zu als die natürliche Zeugung. Gewichtige Gründe lassen zu genereller Zurückhaltung raten: Bei einer extrakorporalen Befruchtung geht der Zusammenhang des Werdens menschlichen Lebens mit der leibseelischen Ganzheit des Zeugungsvorgangs verloren. Nur begrenzt lässt sich sicherstellen, dass der Kinderwunsch dem vorrangigen Recht des Kindes in zureichendem Umfang Rechnung trägt. Überzählige Embryonen müssen sterben."[89]

Passagen wie die soeben zitierte erwecken den Eindruck der abgeschlossenen Reflektion, deren Ergebnis ein breiter Konsens ist. Im Gegensatz dazu und vermutlich im Zuge einer derzeit überall zu beobachtenden Profilierung der eigenen Position in Abgrenzung zur anderen Konfession suchen protestantische Ethiker und Ethikerinnen heute wieder eher nach Möglichkeiten, die kontroverse Diskussion, die Offenheit und den Dissens offenzulegen, der eine protestantische „Streit-Kultur" nachhaltig prägt. Offizielle neuere Statements wie die von Ulrich Körtner im Auftrag der Evangelischen Kirche Österreichs verfasste Denkschrift „Verantwortung für das Leben" (2001)[90] sowie die Argumentationshilfe für aktuelle medizin- und bioethische Fragen „Im Geist der Liebe mit dem Leben umgehen" (2002), die von der Kammer für Öffentliche Verantwortung der Evangelischen Kirche anlässlich der Debatten um die Forschung an embryonalen Stammzellen herausgegeben wurde,[91] zeugen vom Dissens in entscheidenden Fragen:

„Die Auseinandersetzungen und Differenzen in der Kammer spiegeln insofern die gesellschaftliche Diskussionslage wider, als sie sich vor allem auf folgende Punkte beziehen: auf die unterschiedliche Sichtweise des Embryos zwischen Befruchtung und Nidation, auf die daraus abgeleiteten Konsequenzen hinsichtlich der Frage der Freigabe sog. überzähliger Embryonen für die Forschung, hinsichtlich der ethischen Zulässigkeit von PID und hinsichtlich der Zustimmung zum sog. therapeutischen Klonen. Schließlich besteht auch keine Einmütigkeit im Blick auf die Gewichtung dieser Dissense. Während es sich für manche Kammermitglieder um einen ethischen Fundamentaldissens handelt, der die Grundlagen des gesellschaftlichen Zusammenlebens berührt, sehen andere Kammermitglieder diesen Dissens als Ausdruck eines Pluralismus der Auffassungen, wie er sowohl in der Kirche als auch in der Gesellschaft gut akzeptiert werden kann, ohne dass damit Grundlagen des Zusammenlebens in Frage gestellt werden."[92]

Die protestantische Tradition verlangt Einstimmigkeit nur in Grundfragen des Glaubens, mit denen die Kirche steht und fällt, nicht aber bei bioethischen Diskussionen. Dennoch bemüht sich auch die Stellungnahme von 2002, Gemeinsamkeiten zu unterstreichen: Einigkeit besteht in der Grundannahme, dass Gott den Menschen von allem Anfang an als sein Ebenbild zur Verantwortung herausruft. Einigkeit herrscht unter protestantischen Theologen und Theologinnen auch, dass die biblischen Texte keine biologischen Auskünfte über embryonale Entwicklungsstadien geben, sondern die Geheimnishaftigkeit des menschlichen Lebensbeginns betonen, der letztlich in Gott liegt. Neben dieser für die protestantische Ethik typischen Berufung auf die Heilige Schrift wird außerdem argumentiert, dass auch die protestantische Rechtfertigungslehre[93] diese schöpfungstheologische Aussage bekräftige: Die Würdigkeit des Menschen hängt ganz und gar allein von Gott selbst ab, sie kann nicht auf irgendwelchen vorgegebenen oder verdienten Eigenschaften des Menschen basieren. Gott allein eröffnet die Partnerschaft mit dem Menschen, er allein nimmt den Menschen voraussetzungslos als sein Ebenbild an und spricht ihm dadurch Würde zu:[94]

„Der Mensch verdankt sein Sein als Person der vorbehaltlosen Anerkennung durch Gott, die zur wechselseitigen Anerkennung der Menschen untereinander verpflichtet. Insbesondere evangelische Theologen betonen den relationalen Charakter der Person: Person ist jemand nur in Beziehung – grundlegend zu Gott, infolgedessen auch zu seinen Mitmenschen und zu sich selbst. Daher ist eine Frage wie die, ob es sich bei vorgeburtlichem Leben um personales Leben handelt, recht begriffen eine Frage nach den Beziehungen, in die dieses Leben gestellt ist, und auch nach der Beziehung, in der wir selbst zu diesem Leben stehen. Die Vorstellung, dessen personaler Charakter ließe sich aufgrund biologischer Gegebenheiten an ihm selbst aufweisen, führt daher in die Irre."[95]

Abgesehen von dieser Einigkeit in Grundannahmen bestehen vor allem bei der Bestimmung des Lebensbeginns heute viele Auffassungsunterschiede. In der Stellungnahme der Synode von 1987 „Zur Achtung vor dem Leben" heißt es noch sehr klar:

„Im werdenden menschlichen Leben ist von dem Augenblick an, in dem sich Samen und Ei vereinen, eine künftige Person angelegt. Schon der Embryo ist zum unverwechselbaren Individuum bestimmt. Auch im Stadium der ersten Zellteilung besitzt er schon die gleiche ethische Qualität wie ein Fetus in der vorgerückten Schwangerschaft."[96]

Dieser der katholischen Position ähnlichen Stellungnahme, die menschlichem Leben von der Verschmelzung zwischen Ei- und Samenzelle Schutzwürdigkeit zuspricht und mit tutioristischen Argumenten operiert, um willkürlichen Festlegungen des Lebensbeginns vorzubeugen, stehen heute sog. Schutzgradualismus-Ansätze gegenüber, die menschlichem Leben einen zunehmenden Grad an Schutzwürdigkeit zugestehen – je nachdem, in welcher Umgebung sich der Embryo befindet und in welcher „Bezogenheit" er steht. Auch die Stellungnahme „Im Geist der Liebe mit dem Leben umgehen" (2002) hält fest, dass die Auffassungsunterschiede eng mit der Frage verknüpft sind, ab welchem Zeitpunkt man den Embryo als Person achtet: Ist jeder Embryo ab dem Zeitpunkt der Verschmelzung der Vorkerne eine sich entwickelnde Person, dem als Geschöpf der Liebe Gottes Gottebenbildlichkeit und Menschenwürde zukommt und zwar immer und von Anfang an? Dann müsste zu Recht auf das Identitäts-, das Kontinuitäts- und das Potentialitätsargument verwiesen werden, wie es auch in der katholisch-theologischen Ethik üblich ist (s. o.). Der Embryo dürfte dann niemals und keiner Phase seiner Entwicklung „verobjektiviert" werden, er wäre Güterabwägungen aller Art entzogen und muss immer Selbstzweck bleiben.[97]

Im Gegensatz zu dieser Auffassung steht die Ansicht, dass die embryonale Entwicklung die Bezogenheit zu seiner äußeren Umgebung an bestimmten Punkten seiner Entwicklung so entscheidend ist, dass man *vorher* gar nicht von einem sich entwickelnden Menschen sprechen kann, *danach* aber schon. Hier wird in der Regel die Nidation, also die Einnistung der Eizelle, als der entscheidende Punkt genannt: Die Beziehung zum Organismus der Mutter entscheidet letztlich darüber, ob von einer Person zu sprechen ist, der voller Würdeschutz zukommt oder nicht. Für eine Mehrzahl von Embryonen, die auf natürliche Art und Weise abgehen oder auch künstlich hergestellt werden, gilt dann, dass sie nicht mehr als „sich entwickelnde Menschen" bezeichnet werden können, so dass ihre Benutzung zu therapeutisch hochstehenden Forschungszwecken nicht gegen die Menschenwürde verstoßen würde. Die Diskussion darüber, ob ein solches „Beziehungsmodell" von Menschenwürde philosophisch überhaupt zulässig ist und auf welche philosophischen Traditionen es sich überhaupt berufen kann, ist in vollem Gang. Letztendlich ist es – theologisch gesprochen – die Beziehung zu Gott, die die Menschenwürde eines Jemand konstituieren, *nicht* die empirisch messbare Bezogenheit auf einen Organismus und auch nicht die soziale Anerkennung durch die Mutter. Kann man die Rede von der Relationalität der Person, die auf sozialer Ebene sicher angemessen ist, einfach auf die ontologische Ebene übertragen? *Ist* der Mensch nur Person durch den Blick und das Ja des Anderen? Kommt ihm Menschenwürde nur dann zu, wenn er in den Blick des/der Anderen geraten ist?

Solch beziehungsethische Deutungen von Menschenwürde haben eine Nähe zu feministischen Anliegen, die Person-Sein sehr stark als Relation, als Beziehungsgeschehen, denken und im nächsten Kapitel thematisiert werden sollen. Doch müssen sie sich viele kritische Anfragen gefallen lassen: Selbstverständlich ist auf sozialer Ebene Beziehung *die* Voraussetzung von Person-Sein. Doch bedeutet dies auch, dass Relationalität das *Sein* einer Person auf ontologischer Ebene (on, griech. = seiend) begründet? Und wenn dem so wäre – *wer* würde letztlich über das *Sein* einer ungeborenen Person und seiner Menschenwürde entscheiden? Das „Ja" der Mutter des Ungeborenen? Ist es aus theologischer Sicht nicht letztlich Gott, durch dessen Beziehungsangebot eine Person *ist*? Welche Rolle spielt dann in diesem Geschehen zwischen Gott und seinem Geschöpf die schwangere Frau? Kann sie, die ja möglicherweise noch gar nichts von ihrer Schwangerschaft weiß, als eine Art „Vermittlerin des Seins" gedacht werden? Was, wenn eine Beziehung zu ihr überhaupt nicht existiert, weil sich der Embryo nicht in ihrem Bauch befindet, sondern in einer Nährlösung im Reagenzglas? Hat er im ersten Fall Menschenwürde, im zweiten Fall jedoch nicht?

Ungelöste Fragen dieser Art und die Vermischung von sozialer, ethischer und ontologischer Ebene bereiten theologischen Ethikern und Ethikerinnen Kopfzerbrechen, denn es geht hier keineswegs um philosophische Spitzfindigkeiten. Die Antworten sind im wahrsten Sinn des Wortes lebensentscheidend und Ausdruck des stetigen und niemals abgeschlossenen Ringen um die Frage: Was ist der Mensch und was macht ihn zu einem Jemand? Sie prägen das Verhältnis einer Religion bzw. einer Konfession zum ungeborenen Leben ebenso wie ihre Perspektive auf das Geschlechterverhältnis und ihr Urteil über Segen und Last der Forschung.

Die protestantische Alttestamentlerin Marianne Grohmann hat – protestantischer Tradition folgend – nach alttestamentlichen Impulsen für bioethische Diskussionen zum Lebensbeginn gefragt. Die Texte des Alten Testaments sprechen eindeutig von der „Unbestimmtheit des Lebensbeginns", was den Zeitpunkt betrifft. Sie sprechen aber ebenso eindeutig davon, dass menschliches Leben immer und von Anfang an „seine Wurzeln in Gott und somit außerhalb menschlicher Machbarkeit hat"[98]. Der Blick auf Psalm 139,13–16 rückt daher die genuin *theologische* Argumentation in den Vordergrund und bringt ein Bild ins Spiel, das moderner Embryologie sicher nicht standhält, dafür aber eine meditativ-spirituelle Komponente enthält, die durch naturwissenschaftliche Diskussionen niemals ersetzt werden kann:

„Denn du hast meine Nieren gebildet,
du hast mich im Bauch meiner Mutter gewoben.
Ich danke dir, dass ich erschreckend wunderbar geworden bin.
Wunderbar sind deine Werke, und ich weiß das genau.

Mein Gebein war nicht verborgen vor dir, als ich im Geheimen gemacht wurde,
als ich buntgewirkt wurde in den Tiefen der Erde.
Mein Knäuel haben deine Augen gesehen."[99]

Der Embryo wird in Psalm 139 also als ein „Knäuel" vorgestellt, der im Verborgenen nach und nach gewoben wird. Das Bild ist offen für viele Assoziationen: Buntheit, Lebendigkeit, Ungeformtheit, unvollendet und genau darum offen, in den bunten Teppich des Lebens eingewoben zu werden. Selbstverständlich sind die oben skizzierten Diskussionen damit nicht beendet und keine Vorgaben gemacht, was ab welchem Zeitpunkt mit Embryonen getan oder nicht getan werden darf. Doch die Frage nach dem Zeitpunkt wird durch die Lektüre des Textes zumindest eindeutig relativiert. Für Christen und Christinnen ist Leben letztlich menschlichem Zugriff entzogen. Es bleibt auch in Zeiten naturwissenschaftlicher Messungen und technologischer Begehrlichkeiten ein Geheimnis, dessen Verletzlichkeit höchstmöglichen Schutz gebietet. Auch einem „religiös unmusikalischen" Menschen kann diese typisch christliche Perspektive auf das Leben zu denken geben. Sie bietet keine direkten Handlungsanweisungen, doch sie verlangt nach größter Behutsamkeit und Vorsicht und ist somit eine sehr deutliche Kritik an der gängigen Vorstellung, man könne alles genau festlegen, um es dann besser verzwecken zu können.

Mit Blick auf zitierten Psalm ist es nicht verwunderlich, dass Theologinnen beider christlicher Kirchen öffentlich starke Vorbehalte gegen Technologien äußern, die menschliches Leben an seinem Beginn dem Schutz dieses Geheimnisses entziehen und ans Licht von Medizin und Öffentlichkeit zerren. Protestantische Theologinnen wie beispielsweise Eva Pelkner haben sehr pointiert die in ihren Augen naive Auffassung ihrer evangelischen Kollegen kritisiert, Reproduktionsmedizin vorwiegend unter dem Aspekt der Therapie zu sehen und kritisieren die Instrumentalisierung von Frauen als Rohstofflieferantinnen zu Forschungszwecken.[100] Sie raten Frauen von der Inanspruchnahme der Reproduktionsmedizin und PID ab, weil mit der Würde des Embryos auch die Würde von Frauen auf dem Spiel steht. So hat sich sowohl das Forum katholischer Theologinnen e. V. als auch das Präsidium der Evangelischen Frauenarbeit in Deutschland mit der Reproduktionsmedizin, PID und Pränataldiagnostik ausführlich auseinandergesetzt und in den letzten Jahren kritisch Position zu den genannten Technologien bezogen.[101] Ich werde im nächsten Kapitel darauf zurückkommen.

Bei der Diskussion der Theolog*innen* spielen die Argumente einer feministischen bzw. einer geschlechtersensiblen Bioethik eine große Rolle.[102] Schließlich geht es nicht nur um den Schutz des Embryos, sondern ganz entscheidend auch um die Rolle derjenigen, die als Mitschöpfer und Mitschöpferinnen des Lebens eine entscheidende Verantwortung tragen: Frauen und Männer. Diese Feststellung mag zunächst relativ banal erscheinen, ist es aber keineswegs, wie sich im Folgenden zeigen wird.

Feministische und geschlechtersensible Positionen

Tatsächlich ist es auffallend, wie stark nicht nur in der biomedizinischen Technologie selbst, sondern auch im bioethischen Diskurs in Theologie und Philosophie die Abspaltung des Embryos denkerisch bereits vorausgesetzt wird: Vollkommen losgelöst vom Körper einer Frau schwebt er auf Fotos in der Fruchtblase dahin und erzeugt den Eindruck, dass er völlig losgelöst von ihr existieren, ja dass er als gänzlich unabhängiges Wesen gedacht werden könnte, dessen Person-Sein sozusagen gänzlich ohne Unterstützung auskommt und allein auf sich gestellt ist. Die philosophisch-ethische Reflexion, so die Kritik feministischer Denkerinnen, sanktioniert damit nachträglich, was sie eigentlich kritisierten sollte, nämlich die Konzentration der Biomedizin auf Einzelteile, die aus ihrem Zusammenhang losgelöst und völlig isoliert betrachtet werden. Nicht nur der Embryo ist von dieser Tendenz betroffen, sondern auch alle anderen Bestandteile der Fortpflanzung: Männer fungieren nur noch als „Samenspender", aber nicht mehr als Väter, die in Beziehung zum Nachwuchs stehen; Frauen sind Eizellspenderinnen und -empfängerinnen, die mehr oder weniger auf ihre Eierstöcke und ihren Uterus reduziert werden. Ihr Körper ist eine Art „gläserne Vitrine"[103] geworden (Barbara Duden), in welcher die für die Fortpflanzung vorhandenen Einzelteile ausgestellt werden, so auch das Produkt dieser Fortpflanzung, der Embryo. Vom Geheimnis des Lebens bleibt hier nichts übrig, alles ist glasklar und angeblich genau berechenbar. Zu einer vollständigen Kommerzialisierung bedarf es nur noch eines kleinen Schritts, denn wer wollte einer Frau untersagen, genauso über die Einzelteile ihres Körpers zu verfügen, wie Männer das längst tun? Frauen leisten bei der Eizellspende bzw. auch bei Leihmutterschaft und Leihschwangerschaft ganz erhebliche körperliche Arbeit mit einem hohen Gesundheitsrisiko. Wer wollte sie daran hindern, aus dieser Arbeit auch einen entsprechenden Gewinn zu ziehen? Zwischen der auf die Perfektion der Einzelteile konzentrierten Technologie und ihrer Vermarktung besteht ein Zusammenhang, auf den feministische Denkerinnen schon lange hinweisen. Die Einzelteile des Frauenkörpers und des Männerkörpers werden objektiviert, perfektioniert und vermarktet. Die Reproduktionstechnologie mit ihren Folgetechnologien wie der PID ist hier nur *ein* Angebot unter vielen anderen. Sie funktioniert aber besonders gut, weil sie vorgibt, ausschließlich im Dienst von kinderlosen Paaren zu stehen, die sich sehnlichst Nachwuchs wünschen. Therapie für kinderlose Paare ist also der Schlüssel, deren sich die Reproduktionsmedizin bedient, um das große Geschäft zu machen. Sie verspricht die Erfüllung des Wunsches nach Weiterleben in unseren Kindern. Sie eröffnet ferner ein Angebot, das traditionellen Vorstellungen von Männlichkeit und Weiblichkeit sehr entgegenkommt. Vertreterinnen feministischer Forschung als auch Männerforscher machen seit vielen Jahren darauf aufmerksam, dass die Reproduktionsmedizin archaische Geschlechterstereotype aufgreift und weiter transportiert. Erst ganz aktuell hat dies der Kulturwissenschaftler Andreas Bernard festgestellt, der erforscht hat, welche Männerbilder und Frauenbilder sich in den neuen Technologien von Samen- und Eizellspende abgebildet finden:

„Die Zeugungstheorie von Aristoteles nimmt an, dass der Samen des Mannes die formende Kraft für das Kind sei, die Frau dagegen nur die Substanz bereitstelle. 2400 Jahre später sieht das nicht viel anders aus. Der Mann ist auch in den Samenbanken von heute für die intellektuelle und körperliche Exzellenz, also das Formende zuständig. Er wird mit Hunderten Elitesiegeln versehen. Bei der Frau in den Eizell- oder Leihmutterkatalogen wird dagegen kaum auf Schulbildung geachtet. Es wird eher geschaut: Hat sie schon Kinder geboren? Die Frau erscheint nach wie vor als diejenige, die die materielle Substanz des Kindes liefert."[104]

Vertraute Ordnungsmuster und das fast unschlagbare Argument der Therapie machen Reproduktionsmedizin also zu einem äußerst profitträchtigen Unternehmen, das außerdem den Perfektionierungstendenzen einer Hochleistungsgesellschaft entgegenkommt. Tatsächlich ist dieses letzte Argument immer ein starker Motor der Reproduktionsmedizin gewesen. Die Pioniere der Reproduktionsmedizin wie die Nobelpreisträger Patrick Steptoe und Robert Edwards, die wissenschaftlichen Väter des ersten Retortenbabys Louise Brown (1987), haben immer wieder vom großen Ziel der genetischen „Verbesserung" kommender Generationen gesprochen.

Feministisch-ethisches Denken, das in besonderem Maße nach den Auswirkungen einer neuen Technologie für Frauen fragt, bestreitet daher, dass die Reproduktionsmedizin wirklich eine rein neutrale Technologie ist, die – dem landläufigen Jargon folgend – zu guten und zu bösen Zwecken missbraucht werden kann. Technologien entstehen immer in einem bestimmten gesellschaftlichen Kontext und sind daher nie „neutral". Im Falle der Reproduktionstechnologie kann der gesellschaftliche Boden, auf dem sie so perfekt gedeiht, folgendermaßen umschrieben werden:

Nach wie vor sehen traditionelle Vorstellungen eines Frauenlebens idealerweise die Rolle der Mutter als die Krönung eines geglückten Frauenlebens vor. Die Erfahrung des unerfüllten Kinderwunsches ist nicht zuletzt auch deswegen so schmerzhaft, weil auch in einer angeblich total individualisierten Gesellschaft gesellschaftliche Normvorstellungen nach wie vor äußerst wirksam sind. Etwas überzogen formuliert: Eine „richtige Frau" widmet sich in deutschsprachigen Ländern heute idealerweise nach einer Topausbildung und einigen Jahren erfolgreicher Berufstätigkeit ihren Kindern und ist bereit, für die Erfüllung ihres Kinderwunsches auch berufliche Nachteile in Kauf zu nehmen.[105]

Auch für „ganze Männer" gelten die unausgesprochenen Vorgaben, allerdings in nicht ganz so strengem Ausmaß und unter Absehung der Forderung auf Karriereverzicht, der sich mehr an Frauen als an Männer richtet. Bei Männern beziehen sich die Erwartungen eher auf den perfekt funktionierenden Körper, der Höchstleistungen – so eben auch gesunden Nachwuchs – erbringen soll. Männer leiden daher ebenfalls erheblich unter ihrer Infertilität, zumal diese häufig mit Impotenz verwechselt wird. Meistens leiden sie allerdings stillschweigend unter dem Problem, denn ein „echter Kerl weint nicht, weil er keine Kinder bekommen kann"[106].

Traditionellerweise sind Frauen außerdem die Hauptverantwortlichen für die Gesundheit der Familie. Sie selbst sind beruflich durch Krankheiten oder Behinderungen der Kinder normalerweise auch als erste betroffen, nehmen Therapien und Arzttermine wahr und dafür berufliche Nachteile und eine hohe Doppelbelastung in Kauf. Auch hier macht die Reproduktionsmedizin bzw. die PID ihr Angebot: Die genetische Untersuchung der Gesundheit des Nachwuchses bereits vor der Einnistung verspricht – flankiert von späteren pränataldiagnostischen Tests, deren Angebot derzeit ebenfalls rasant vorangetrieben wird – Paaren und hier insbesondere Frauen eine gewisse Risikoreduzierung. Tests stellen in Aussicht, bestimmte chromosomale Abweichungen und damit Behinderungen mit unterschiedlich hoher Verlässlichkeit nachweisen zu können. Dass die Ausweitung des Angebots der PID in Richtung einer gezielten „Herstellung" des Wunschkindes nach Maß dem Wunsch nach der „Happy Family" mit gesunden, intelligenten und glücklichen Kindern entgegenkommt, versteht sich von selbst. Von der Maßlosigkeit der Ansprüche nach Perfektion zeugt allein das Angebot von in Samenbanken erfassten Samenspendern, deren perfekte genetische Ausstattung hervorgehoben wird.

Feministische Bedenken, dass Frauen und ihre Partner durch IVF und PID noch mehr unter Druck geraten, perfekte Kinder zur Welt bringen zu müssen, sind angesichts dieser Entwicklungen nicht von der Hand zu weisen. Tatsächlich müssen Frauen, welche die Segnungen der neuen Technologie nicht ungefragt in Anspruch nehmen wollen, mit dem Befremden ihrer Zeitgenossen und -zeitgenossinnen rechnen. Bei Kinderlosigkeit IVF (mit PID), bei Schwangerschaft Pränataldiagnostik – bei allem scheint die neueste medizinische Methode die Lösung des Problems zu sein. Die Biomedizin schafft sich auf diese Art und Weise ihre eigene Nachfrage und dies mittels des besten Arguments, das es überhaupt gibt: der Autonomie von Frauen. Anstatt dem eigenen Körper in seiner Fruchtbarkeit oder Unfruchtbarkeit hilflos ausgeliefert zu sein, können Frauen nun „etwas dagegen machen". Sie haben die Wahl und sie haben die Freiheit, etwas zu tun. Sie „müssen es versuchen und sie müssen sich entscheiden", wie man in Anlehnung an eine bekannte Studie von Sarah Franklin formulieren könnte, welche den Entscheidungsdruck von Frauen beschrieben hat, die IVF auch zu nutzen und sich dieser Ikone des gesellschaftlichen Fortschritts nicht zu verweigern.[107]

Dabei ist auffallend, dass die Aufforderung, IVF und PID zu benutzen, sich keineswegs unisono an *alle* Frauen wendet. Wer die Websites der Reproduktionskliniken betrachtet, ist sehr schnell mit dem Bild der idealen Kundin konfrontiert: Sie entstammt der weißen Mittelschicht und lebt in einer heterosexuellen Partnerschaft. Besonders nordamerikanische Bioethikerinnen wie Susan Sherwin machen darauf aufmerksam, dass Frauen aus der Unterschicht und Frauen mit schwarzer oder brauner Hautfarbe eher als Leihmütter und Eizellspenderinnen interessant sind, nicht aber als Konsumentinnen. Die Reproduktionsmedizin bestätigt und verfestigt also bestimmte gesellschaftliche Vorstellungen von der idealen Frau, während sie laut Sherwin an der Exklusion anderer Frauen, die diesem Ideal nicht entsprechen, zumindest mitbeteiligt ist.[108]

Dass viele feministische Ethikerinnen und Philosophinnen heute zu solchen sehr kritischen Aussagen kommen, mag auf den ersten Blick vielleicht erstaunen. Tatsächlich gab und gibt es im Laufe des Feminismus durchaus andere Sichtweisen auf die Reproduktionsmedizin. So stellte die Philosophin Simone de Beauvoir (1908–1986) in ihrem 1949 erschienenen Klassiker „Das andere Geschlecht" fest, dass die technologische Entwicklung bezüglich neuer Methoden der Geburtenkontrolle und der medizinische Fortschritt in der Geburtshilfe rasant vorangeschritten sei:

„Die künstliche Befruchtung ist der Endpunkt einer Entwicklung, die es der Menschheit ermöglichen wird, die Fortpflanzungsfunktion zu beherrschen. Diese Veränderungen haben insbesondere für die Frau eine ungeheure Bedeutung: Sie kann die Zahl ihrer Schwangerschaften beschränken, kann sie vernünftig in ihr Leben einordnen, statt deren Sklave zu sein. Auch die Frau befreit sich im Laufe des 19. Jahrhunderts von der Natur: Sie gewinnt die Herrschaft über ihren Körper. Zu einem sehr großen Teil von den Belastungen der Fortpflanzungsaufgaben geschützt, kann sie die ökonomische Rolle übernehmen, die sich ihr bietet und die ihr dazu verhelfen wird, sich selbst ganz zu verwirklichen."[106]

Diese fast euphorische Einschätzung der Reproduktionstechnologie veränderte sich im Zuge der 80er-Jahre, nicht zuletzt aufgrund wissenschaftstheoretischer Diskussionen in der feministischen Theoriebildung: Carol Gilligan hatte mit ihrer Publikation „Die andere Stimme" (1982) einen Paradigmenwechsel eingeläutet. Der einstige sog. Gleichheitsfeminismus, wie ihn Simone de Beauvoir noch vertreten hatte, der vor allem die gleichen Rechte für Frauen einforderte, wurde durch den sog. Differenzfeminismus abgelöst, der die Verschiedenheit von Männern und Frauen in den Mittelpunkt der Überlegungen stellte. Auch in der Bioethik hinterließ diese neue Perspektive auf das Verhältnis der beiden Geschlechter seine Spuren: Gena Corea kritisierte in ihrem 1988 auf Deutsch erschienenen Buch „Die Muttermaschine"[110] die IVF als

Paradebeispiel einer typisch männlichen Haltung der Objektivierung und Distanzierung gegenüber der Natur, die erst die Möglichkeit zur Unterwerfung der Natur – und damit auch des Frauenkörpers – schafft. Leihmutterschaft, Klonen und die künstliche Gebärmutter sind Ausdruck der Zerlegung und Instrumentalisierung des Frauenkörpers, dessen Einzelteile dem Patriarchat nun sein Fortbestehen sichern helfen, indem Frauen als Brutmaschinen ausgebeutet werden. Das gern strapazierte Argument von der Selbstbestimmung von Frauen erscheint in Coreas Augen und in verwandten Publikationen als blanker Hohn. Frauenkörper werden vom Patriarchat instrumentalisiert, um möglichst perfekte Produkte zu liefern. Wenn überhaupt noch von der Autonomie von Frauen die Rede sein sollte, dann im politischen Protest *gegen* Biotechnologie und in der Verweigerung derselben. Tatsächlich mündete diese radikale Kritik Coreas in die Gründung einer breiten feministischen Widerstandsbewegung, die zum Boykott der Gen- und Fortpflanzungstechnologien insgesamt aufrief. So erklärten die Teilnehmerinnen des Kongresses „Frauen gegen Gentechnik und Reproduktionstechnik" im Jahr 1985: „Wir werden alles daran setzen, diese Entwicklung zu stoppen und zu verhindern [...] Wir rufen insbesondere alle Frauen auf, sich der Zerstückelung und Enteignung ihres Körpers zum Zwecke der Profitmacherei zu widersetzen und die Selbstbestimmung über ihre Gebärarbeit und die Gebärvorgänge nicht an die Experten abzugeben [...]"[111]

Angesichts dieser pathetischen Forderungen muss man heute nüchtern feststellen: Die Zeit der Gründung nationaler und internationaler Frauennetzwerke gegen die Reproduktionstechnologie ist vergangen. Genau wie im Kontext der Pränataldiagnostik nehmen Frauen heute ganz selbstverständlich die technologischen Möglichkeiten in Anspruch, verlangen ihren Ausbau und ihre staatliche Unterstützung. Tun sie das wirklich aus freien Stücken oder sind sie einfach zu unreflektierten Konsumentinnen der Biomedizin geworden, die perfekt im System funktionieren? Wie selbstbestimmt sind ihre Entscheidungen denn wirklich? Oder stimmt der Vorwurf von feministischer Seite, dass Frauen gerade im Kontext von Reproduktionsmedizin traditionelle Denkweisen einfach verinnerlicht haben? Fühlen sie sich wirklich nur als „richtige Frauen", die auch gesellschaftlich Anerkennung verdienen, wenn sie im Namen einer Vorstellung von prokreativer Autonomie ihr Recht auf ein Kind – mehr noch: ein *gesundes* Kind – um jeden Preis durchgesetzt haben? Sind unfreiwillig kinderlose Paare, die IVF für sich beanspruchen, sozusagen Mittäter und Mittäterin in einem System, das unter dem Deckmantel der Therapie besonders Frauen noch mehr unter Druck setzt, traditionellen Vorstellungen zu entsprechen? Von Selbstbestimmung und Wahlfreiheit kann angesichts von solch internalisierten Zwängen dann wohl nicht mehr die Rede sein. Müssen Frauen und ihre Partner also besser konsequenterweise als Opfer einer Technologie bezeichnet werden, die sich sozusagen bewusst den Beipackzettel mit den physischen, psychischen, ethischen und gesellschaftlichen Nebenwirkungen der Reproduktionsmedizin zu lesen weigern? Solche zugegebenermaßen unbequemen Fragen richten sich allerdings nicht nur an die Paare selbst. Sie machen auch die Notwendigkeit deutlich, weiterhin begrifflich und auf theoretischer Ebene an einem adäquaten Verständnis von Autonomie und Selbstbestimmung von Frauen im Kontext der Reproduktionsmedizin zu arbeiten.

6. KOMPETENZEN FÜR EINE VERANTWORTETE UND SELBSTBESTIMMTE ENTSCHEIDUNG: DIE SUCHE NACH DER EIGENEN STIMME

Eine schöne Übersetzung für Autonomie stammt von der amerikanischen feministischen Philosophin Diana T. Meyers und lautet: Die eigene Stimme finden.[112] Nach Meyers ist Autonomie ein Repertoire von psychosozialen Fähigkeiten, das in dem Maße wächst, als die Fähigkeiten tatsächlich auch ausgeübt werden. Unter Fähigkeiten versteht sie beispielsweise die Fähigkeit, sich anderen mitzuteilen; die Fähigkeit, die eigenen Handlungen zu analysieren und zu reflektieren oder die Fähigkeit der Erinnerung bzw. diese Fähigkeit, seine Erinnerungen verbal oder nonverbal auszudrücken. Wer solche Fähigkeiten zum Einsatz bringt, um über sich und sein Leben nachzudenken, kann für sich beanspruchen, eine autonome Person zu sein. Autonomie hat hier zunächst einmal nichts mit der Kant'schen Tradition von Autonomie zu tun. Sie bezieht sich auf die Person selbst, die diese Fähigkeiten in unterschiedlichem Maße ausüben kann und muss, um „autonom" im Sinne von „selbstbestimmt" genannt werden zu können. Sie ist zunächst einmal auch nicht mit dem verbunden, was im dritten Kapitel unter prokreativer Autonomie beschrieben worden ist. Sie ist mehr ein persönliches Können, das einmal mehr und einmal weniger vorhanden ist, wachsen und sich wieder vermindern kann. Meyers und mit ihr einige andere feministische Philosophinnen vertreten also einen prozessualen und graduellen Autonomiebegriff.

Ob die Fähigkeiten wirklich entfaltet werden können oder nicht – das hängt nicht zuletzt auch von den sozialen Voraussetzungen ab, welche die Ausbildung autonomierelevanter Fähigkeiten unterstützen oder auch behindern. Autonomie in diesem Sinne hat also immer eine relationale Seite, ist bis zu einem gewissen Grad abhängig von sozialen Voraussetzungen.

Der Grad der Entfaltung der Fähigkeiten ist aber zweitens auch von der Person selbst abhängig, also davon, ob sie wirklich autonom sein will oder nicht. Wenn sie Autonomie als Wert anstrebt, dann ist letztlich die einzige fundamentale Voraussetzung die Bereitschaft, die eigenen Handlungen zu überdenken. Zunächst einmal mag diese Schwelle relativ niedrig erscheinen, doch in Wahrheit kann sie auch durchaus ein unangenehmer Stolperstein sein: Menschen, die wirklich ihre eigene Stimme finden möchten, schwimmen nicht einfach mit dem Strom und sind keine bequemen Jasager und Jasagerinnen. Manchmal sind sie nicht einmal besonders glücklich, denn Autonomie im eben beschriebenen Sinne hat durchaus ihren Preis und wird keineswegs immer von allen Seiten mit Anerkennung und Beliebtheit belohnt.

Unter den im vorigen Kapitel beschriebenen gesellschaftlichen Voraussetzungen ringen Frauen oft sehr mühsam um eine eigene ganz persönliche Entscheidung im Umgang mit ihrem Kinderwunsch und *müssen* dies auch, wenn sie sich letztlich als Urheberin der eigenen Entscheidung begreifen und diese Entscheidung nicht einfach an andere – an die Gesellschaft, die Medizin, das persönliche Umfeld – abgeben wollen. Autonomie bedeutet also in dieser Lesart, persönlich Verantwortung für das eigene Tun zu übernehmen und für die Folgen geradezustehen. Autonomie ist ein Projekt, das die Bereitschaft voraussetzt, stets an sich zu arbeiten. Autonomie in diesem Sinne könnte damit als *Tugend* beschrieben werden. Dieses altmodisch anmutende Wort (mhdt. tugen = vermögen, brauchbar, fähig sein) spielt in der Ethik nach wie vor eine große Rolle, bildet es doch sozusagen das personale Gegengewicht zu einer Ethik, die Normen zu begründen sucht und daher als normative Ethik bezeichnet wird. Die Tugendethik, die auf Aristoteles zurückgeht und in der christlichen Philosophie und Theologie bis heute von großer Bedeutung ist, formuliert Werte im Sinne von Zielbestimmungen, denen Menschen sich durch stetige Übung annähern können. Dass Rückschläge und Misslingen je nach persönlichem Charakter dabei immer wieder dazu gehören, versteht sich fast von selbst – ebenso, dass die Übungen in Richtung einer Tugend nicht im luftleeren Raum geschehen, sondern auf gesellschaftliche Unterstützung angewiesen sind.

Autonomie kann also für die theologische Ethik in Ergänzung zu einem normativen Zugang gerade in der Reproduktionsmedizin als Tugend formuliert werden, deren Pflege sich in der Ausübung von Kompetenzen ausdrückt, die als Bausteine auf einem Weg zur Autonomie gelten können: Wahrnehmungskompetenz, Deutungskompetenz, intersubjektive/kommunikative Kompetenz und moralisch-normative Kompetenz. Alle vier sollen im Folgenden skizziert werden, wobei deutlich wird, dass sie weit mehr beinhalten als reine rationale Reflektion. Autonomie ist mehr als ein Kopfprojekt. Sie berührt Emotionen und damit Herz und Seele ebenso wie das Verhältnis zum eigenen Körper.

Wahrnehmungskompetenz

Wahrnehmungskompetenz beinhaltet im Kontext des unerfüllten Kinderwunsches zunächst einmal schlicht, die in der Gesellschaft und insbesondere in der eigenen persönlichen Umgebung vorhandenen Vorstellungen von einem „normalen" Frauenleben mit dem eigenen Leben und der persönlichen Biographie wahrzunehmen und in Verbindung miteinander zu bringen.

Dabei geht es nicht nur um eine analytische Reflektion der indirekten und direkten normativen Ansprüche von Schönheit und Gesundheit, mit denen Frauen täglich in Werbung und Medien bildlich konfrontiert sind, sondern auch um die Wahrnehmung der emotionalen Wirkung dieser Bilder. Sie prägen das Verhältnis zum eigenen Körper entscheidend mit, wobei die Wirkung sehr individuell ist. Ein auf Hochglanz retuschierter Schwangerschaftsbauch eines Models kann Verzweiflung oder Vorfreude auslösen, je nach eigener Situation und eigener Biographie. Wichtig ist es aber, die Bilder und die von ihnen ausgelösten Emotionen überhaupt bewusst in ihrer Wirkung wahrzunehmen: Welche

Idealvorstellungen von Frau-Sein und Mutter-Sein transportieren sie? Welche Gefühle lösen sie aus? Tatsächlich sind es nicht nur Bilder von Frauenkörpern, sondern auch Bilder von Babys und vom medial inszenierten Familienglück Prominenter, welche ihre Spuren hinterlassen und zu unhinterfragten Vorstellungen von Normalität und Glück führen. Ein kinderloses Leben kann auf diesem Hintergrund tatsächlich nur noch als unglückliches Leben erfahren werden. Personale Autonomie manifestiert sich hier in der Fähigkeit, solche Körperbilder in ihrer emotionalen Wirkung bewusst wahrzunehmen, sie zu reflektieren und sich zu dem in ihnen formulierten normativen Anspruch grundsätzlich verhalten zu können.

Die Fähigkeit zur Wahrnehmung bezieht sich weiter nicht nur auf Bilder von anderen Körpern, sondern auch auf die Wahrnehmung des eigenen Körpers. Welche biographischen Erfahrungen mit dem eigenen Körper liegen vor? Welche Geschichten erzählt der eigene Körper? Welches Bild vom eigenen Körper liegt vor und wie ist das Verhältnis zu ihm in Vergangenheit und Gegenwart? Welche Körperteile sind positiv, welche negativ besetzt? Inwiefern verändert die Erfahrung ungewollter Kinderlosigkeit das Verhältnis zum eigenen Körper? Diese Reflektion ist insofern von Bedeutung, als gerade Frauen mit unerfülltem Kinderwunsch den eigenen Körper oft als Hindernis und sogar als Feind erfahren, dessen Unfruchtbarkeit es zu bekämpfen gilt. Die buchstäblich am eigenen Leib erfahrene Nicht-Produktivität und die „Leere" des eigenen Körpers, die auf etwas verweist, was eigentlich „sein sollte", aber „nicht ist", wird zur Herausforderung für die gesamte eigene Identität. Die im unerfüllten Kinderwunsch am eigenen Leib erfahrene Endlichkeit wird unter Umständen nicht nur als körperliche Krise, sondern auch als spirituell-existenzielle Krise, gedeutet. Der Körper sagt ein klares „Nein" zum sehnlichen Wunsch nach Schwangerschaft und/oder Kindern. Auf der einen Seite kann das ein Anlass sein, diese körperliche Tatsache als Quelle der Erkenntnis zu nutzen und zu versuchen, die Signale des Körpers verstehen zu lernen. Manchmal gelingt auf diese Art und Weise Selbsterkenntnis. Auf der anderen Seite bleiben jedoch die Signale oft mehrdeutig und unverständlich. Den Körper hier in seiner Unvollkommenheit wahrzunehmen, kann eine starke Kontrasterfahrung zu allen gesellschaftlichen Körperidealen von Perfektion und Produktivität sein. Diese Erfahrung ist stets mit Leiden und Trauer verbunden, die ihren Platz beanspruchen dürfen.

„Donum Vitae" hat auf die Möglichkeit aufmerksam gemacht, bewusst einmal auch nach Gegenentwürfen zu gesellschaftlich vorgegebenen Körperidealen von Leistungsvermögen und Schönheit zu suchen und dabei das Bild des leidenden und gebrochenen Körpers von Christus am Kreuz genannt. Es erinnert in seinen traditionellen, aber auch in seinen modernen Versionen in der zeitgenössischen Kunst daran, dass der menschliche Körper letztlich in all seiner Schönheit immer wieder unvollkommen und gebrochen ist, leidend und gequält. Häufig wird dieser Körper zur Metapher schlechthin für die Unvollkommenheit menschlicher Existenz, die bis zu einem gewissen Grad manchmal ausgehalten werden muss. Diese Aussage ist nicht im Sinne einer gequält moralischen Aufforderung zu „Erleiden und Erdulden" zu verstehen und spricht keineswegs für einen generellen Verzicht auf jegliche medizinische Intervention. Doch kann die Konfrontation mit solchen „Gegen-Bildern" in Kunst oder auch Musik einen Raum bieten, die Welt der retuschierten Hochglanzplakate zu verlassen und menschliches Leiden am eigenen Körper anzuerkennen und anzunehmen. Damit jedoch können sich unter Umständen auch Möglichkeiten eröffnen, einen alternativen Umgang mit unfreiwilliger Kinderlosigkeit zu suchen.

Nicht jedes Paar und nicht jede Frau kann und möchte diesen Weg jedoch gehen und entscheidet sich bewusst für die Inanspruchnahme von Insemination und/oder IVF. Auch in diesem Fall – während der Behandlungszyklen – ist die Fähigkeit der Wahrnehmung des eigenen Körpers von großer Bedeutung, kann er doch eine Erkenntnishilfe sein, wenn es um die höchst individuelle Entscheidung geht, wann die Grenzen der physisch-psychischen Belastbarkeit erreicht sind. Achtsamer Umgang und Sorge um sich selbst kann davor bewahren, im Namen medizinischer Machbarkeit den eigenen Körper über Grenzen hinaus zu treiben, deren Nichtrespektierung auf lange Sicht der physischen und psychischen Gesundheit schadet. Was spüre ich?, Was tut mir gut?, Wie weit will ich gehen?, sind Fragen, die hier gestellt werden sollten. Der Körper steckt individuelle Grenzen, deren Beachtung vor einer freiwilligen Selbstzerstörung von Körper und Seele bewahren hilft. Diese Grenzen wahrnehmen und respektieren zu lernen, ist Teil einer leiblich verfassten personalen Autonomie, welche auch die Entscheidung für eine freiwillig verfügte Selbstbeschränkung beinhalten kann.

Deutungskompetenz

Mit der Wahrnehmung von Körperbildern eng verknüpft ist die Deutungskompetenz. Sie beinhaltet in Anlehnung an Diana Meyers die sog. Imaginationsfähigkeiten. Im Konfliktfeld von Reproduktionsmedizin können sie als Fähigkeit interpretiert werden, sich verschiedene Lebensentwürfe als Frau vorstellen zu können – ein Leben mit und ohne Kinder, mit und ohne Partner, alternative Lebensentwürfe etc. Die Entwicklung der Imaginationsfähigkeiten als Bestandteil personaler Autonomie zielt darauf ab, alternative Möglichkeiten zu finden, falls die Kinderwunschbehandlung keinen Erfolg hat. Mithilfe analytischer und reflexiver Fähigkeiten kann abgewogen werden, welche Lebensentwürfe den eigenen Wünschen und Wertpräferenzen entsprechen und welche nicht. Dabei geht es letztlich immer um die Suche nach Authentizität: Welche Wünsche sind *eigene* Wünsche? Welche zeugen dagegen vom Versuch, traditionell vorgegebene Rollen brav zu erfüllen oder bestimmten sozialen Erwartungen an ein „normales Frauenleben" zu entsprechen? Was steckt hinter diesem Anpassungsverhalten? Im Sinne einer christlichen bzw. genauer gesagt auf den heiligen Ignatius von Loyola zurückgehende Rede von der „Unterscheidung der Geister" geht es darum, die eigene Stimme zu entdecken und sie von gesellschaftlichen Ansprüchen oder Ansprüchen der unmittelbaren familiären Umgebung unterscheiden zu lernen.

In diesem Zusammenhang geht es weiter um die Ausbildung von Fähigkeiten, die man mit Meyers als Introspektionsfähigkeiten beschreiben kann: Welches Porträt entwerfe ich von mir? Wer bin ich, wie will ich sein? In diesen Bereich fällt die Frage, welchen Stellenwert Frauen der Fruchtbarkeit in ihrem Leben geben. Welche Art „fruchtbaren" Lebens ist denkbar? Muss „Fruchtbarkeit" sich ausschließlich auf biologische Nachkommenschaft beschränken oder sind andere Formen von Fruchtbarkeit und Kreativität denkbar? Hilfreich zur Beantwortung solch schwieriger und grundsätzlicher Fragen ist sicher das Gespräch mit anderen Frauen, wozu allerdings hohe intersubjektive und kommunikative Fähigkeiten notwendig sind. Ein Austausch über unterschiedliche Lebensmodelle des Frauenlebens, der unter dem Vorzeichen des Respekts vor der Unterschiedlichkeit verschiedener Lebensmodelle stattfindet, ist unter Frauen noch keineswegs selbstverständlich. Hier spielen nach wie vor geschlechterdualistische Konzepte eine prägende Rolle, welche für Frauen aufgrund ihrer biologisch vorhandenen Voraussetzungen zu Schwangerschaft und Geburt den Lebensentwurf der Mutter als „Krönung geglückten Frauseins" betrachtet und andere Lebensformen latent oder offen abwertet.

In der Situation der Infertilität kann weiters die Ausbildung der Fähigkeiten entscheidend sein, die Meyers als *self-nurturing-skills* bezeichnet hat, also wörtlich übersetzt: die Fähigkeit, sich selbst zu nähren. Für den Umgang mit dem unerfüllten Kinderwunsch kann dies beinhalten, das eigene innere Gleichgewicht zu finden und sich selbst trotz Kinderlosigkeit wertschätzen zu lernen. Angesichts allmonatlich wiederkehrender Erfahrung der Erfolglosigkeit, der Gefühle von Versagen und Ohnmacht, sind die bewusste Suche und der Aufbau des eigenen Selbstwertgefühls ein oft steiniger Weg. Hier ist die Fähigkeit zur Erschließung innerer Kraftquellen von entscheidender Bedeutung. Innere Kraftquellen mögen jeweils ganz unterschiedlicher Art sein, je nach persönlichen Talenten und Fähigkeiten. Ganz sicher jedoch können spirituelle Kompetenzen zu diesen *self-nurturing-skills* zählen, weil sie Seele, Geist und Körper zu nähren vermögen. Verschiedene Formen der Meditation, Tanz, Musik und alle anderen künstlerischen Ausdrucksformen sind hier ebenso zu entdecken. Sie sind sehr häufig mit den großen religiösen Traditionen verbunden. Sie alle bieten reiche Ressourcen an, mit Leiden umzugehen, das aus unerfüllten Wünschen erwächst.

Für das Christentum ist es die Erfahrung des bedingungslosen Angenommen-Seins durch einen Gott, der das Leiden seiner Geschöpfe kennt und teilt, welche innere Kraft verleihen kann, mit eigenem Leiden umzugehen. Bezogen auf die Thematik des unerfüllten Kinderwunsches bieten biblische Erzählungen des Ersten und Zweiten Testaments Erinnerungen an Frauen, welche in ihrer Not die Hoffnung dennoch nicht aufgeben und auf die heilende Gegenwart Gottes setzen. So berichtet Lk 8,42–48 von einer Frau, welche durch die Berührung Jesu von ihrem bislang unheilbaren Blutfluss geheilt wird. Jesus würdigt ihr Vertrauen und ihren Mut zur Nähe („Meine Tochter, dein Glaube hat dir geholfen. Geh in Frieden!"). Sein Respekt und seine Wertschätzung für sie sind heilsam. Begegnungen solcher Art können dazu beitragen, einen neuen Lebensentwurf und alternative Versionen der persönlichen Lebensführung zu entwickeln und nicht bei der Erfahrung des Nicht-Gelingenden stehenzubleiben.

Eine gewisse Ambivalenz in ihrem „Nährwert" als Erzählstoff zur Ausbildung innerer Kraftquellen kennzeichnet die Erzählungen über kinderlose Frauen/Paare in der Bibel, welche das immer wiederkehrende Schema von anfänglicher Unfruchtbarkeit bis hin zur wunderbaren Heilung durch Gott selbst aufweisen: In diesen Erzählungen findet sich ein tiefes Verständnis für den Schmerz der Kinderlosigkeit und für die Not von kinderlosen Paaren (vgl. beispielsweise Gen 30,1f, wo von der Krise Rahels und Jakobs angesichts des unerfüllten Kinderwunsches berichtet wird oder die anrührende Geschichte von der Traurigkeit Hannas im Tempel in 1 Sam 1,10ff). Dass Frauen schon damals nicht gewillt waren, dieses Leid einfach hinzunehmen, bezeugen Erzählungen von „Kinderwunschbehandlungen", oft in Form einer Leihmutterschaft durch Mägde, welche stellvertretend für ihre wohlhabende Herrin ein Kind austragen – Methoden übrigens, die vielleicht zunächst erfolgreich sein mochten, dann aber zu erheblichen Folgekonflikten führten (z. B. Gen 30,3: Rahel und ihre Magd Bilha oder ganz besonders Gen 16,1–6: Sara und ihre Magd Hagar).

Allerdings sind gerade diese Erzählungen immer auch Belege des starken sozialen Drucks zur Fruchtbarkeit, der mit seinem Beharren auf „ein Kind um jeden Preis" wenig Spielraum für kinderlose Frauen und Männer erkennen lässt, alternative Visionen ihres Lebens zu entwickeln. Die protestantische Alttestamentlerin Marianne Grohmann macht jedoch darauf aufmerksam, dass es trotz der hohen Bewertung von Fruchtbarkeit im Ersten Testament auch Entwürfe eines Frauenlebens unabhängig von Kindern gibt. Bei Frauen mit wichtigen gesellschaftlichen Funktionen wie z. B. der Prophetin Mirjam oder der Richterin Debora wird nicht berichtet, ob sie Kinder haben oder nicht. Es ist irrelevant, sie werden wegen ihres Amtes genannt und nicht wegen ihres Mutterseins. Gelegentlich findet sich außerdem in späteren Texten der Bibel – angesichts von drohendem Unheil – der von Gott geforderte Verzicht auf Kinder, z. B. beim Propheten Jeremia (Jer 16,1–4.9), oder auch der Hinweis in Weish 3,13f, dass es letztlich um die Gesinnung gehe und nicht um Fruchtbarkeit oder Unfruchtbarkeit. Trotz dieser Stellen, die als eine gewisse Relativierung der Bedeutung von Fruchtbarkeit zu lesen sind, spricht auch Grohmann von der generellen Ambivalenz der Texte als Zeugnis einer patriarchalen Gesellschaft, in der Frauen ihre Anerkennung vorwiegend durch die Geburt von Kindern bzw. von Söhnen bekommen.[113]

Die biblischen Erzählungen bergen also einerseits ein großes Hoffnungspotenzial auf Heilung durch Gott, welcher dem mit sozialer Ächtung und Scham verbundenen Zustand der Unfruchtbarkeit wunderbarerweise ein Ende bereitet und mit dem Geschenk der Fruchtbarkeit jeweils eine bedeutende Persönlichkeit, einen Propheten oder einen Retter seines Volkes ankündigt. Dennoch bleibt die Frage offen, ob Frauen mit unerfülltem Kinderwunsch durch solche Erzählungen von der Fruchtbarkeit als Gottesgeschenk eher gestärkt oder noch mehr frustriert und belastet werden. Eine rein biblisch gestützte Argumentation in der theologisch-ethischen Bewertung der Reproduktionsmedizin stößt hier also an ihre Grenzen.

Intersubjektive/kommunikative Kompetenz

Zu den weiteren autonomierelevanten Fähigkeiten gehören intersubjektive und kommunikative Kompetenzen. Im Zusammenhang der Reproduktionsmedizin erscheinen sie als besonders wichtig, denn die Auseinandersetzung mit Kinderlosigkeit und mit den Methoden der medizinisch-assistierten Fortpflanzung sowie die Entscheidung für oder gegen ihre Inanspruchnahme ist trotz vieler Medienberichte von der Betroffenheit so vieler Paare immer noch schwierig. Die wenigsten Frauen und Männer mit unerfülltem Kinderwunsch thematisieren ihre Nöte im Gespräch mit Bekannten und Freunden. Ist es schon schwierig genug, die eigene Trauer gegenüber dem Partner in Worte zu fassen, ohne mit gegenseitigen Vorwürfen die Beziehung zu zerstören, ist es noch schwieriger, Strategien gegen den sozialen Rückzug und die Isolierung zu entwickeln, welche mit dem unerfüllten Kinderwunsch häufig verbunden sind und welche die Krise und das Leiden noch verschlimmern. Die Fähigkeit, den eigenen Schmerz in irgendeiner Form – sei es verbal oder nonverbal – zu kommunizieren bzw. auf der anderen Seite wirklich zuhören zu lernen, erscheint daher als besonders dringlich, aber auch als sehr schwierig. Das Zur-Sprache-Bringen leiblicher Unfruchtbarkeit ist eine hochriskante und gesellschaftlich wenig vermittelte und erprobte Fähigkeit. Sie bedarf sehr oft des geschützten Raumes einer professionellen psychotherapeutischen Beratung, in welcher Paare oft erst mühsam Worte zur Bewältigung der eigenen Enttäuschung finden lernen.[114]

Andererseits sind mittlerweile so viele Paare vom Thema betroffen, dass nicht nur vom einzelnen Paar, sondern auch gesamtgesellschaftlich und von Seiten christlicher Kirchen Mittel und Wege gefunden werden müssen, Infertilität so zu thematisieren, dass betroffene Paare zu Wort kommen können. Nicht nur ihnen, sondern auch Experten und Expertinnen im Bereich der Reproduktionsmedizin fällt es oft schwer, eine angemessene Sprache für die Auseinandersetzung zu finden: Wo u. a. auch mit intimer Sexualität verbundene Aspekte zur Sprache kommen, ist weder reißerische Berichterstattung über „Babymacher" noch ausschließlich medizinische Fachsprache der richtige Weg. Hier ist es Aufgabe von Institutionen im Bereich des Gesundheits- und Bildungssystems, aber auch Aufgabe der christlichen Kirchen, Foren zu schaffen, in denen im geschützten Raum um den richtigen Ton zwischen emotionaler Betroffenheit und sachlicher Nüchternheit gerungen werden darf.

Gerade die intersubjektiven Fähigkeiten dienen letztlich nicht nur Individuen allein, selbstbestimmte Entscheidungen zu treffen, sondern sie verweisen in besonderem Maße auf die Relationalität von Autonomie, wie sie in diesem Kapitel eingangs beschrieben worden ist. Sie stehen im Dienst der Veränderung kultureller oder institutioneller Strukturen, die der Reform bedürfen. Tatsächlich besteht an der Reformbedürftigkeit von kommunikativen Strukturen gerade im Bereich der Reproduktionsmedizin wenig Zweifel. Medizinethikerinnen wie beispielsweise die schon genannte Susan Sherwin oder die Deutsche Tanja Krones kritisieren schon seit langem die durch ein strukturell bedingtes Machtgefälle resultierenden Kommunikationsprobleme zwischen medizinischem Fachpersonal, das als die eigentlich handelnde und kontrollierende Instanz in der Reproduktionsmedizin erscheint und „unwissenden, zu behandelnden Kinderwunschpatientinnen". Nicht umsonst setzen sich heute in Beratung und Therapie auch zunehmend Modelle des sog. *shared-decision-making* durch, die am Entscheidungsfindungsprozess bewusst viele verschiedene Disziplinen beteiligen. Ziel ist es dabei, die Kommunikation zwischen medizinischem Fachpersonal und betroffenen „Patientinnen" so zu gestalten, dass das strukturelle Ungleichgewicht Einzelner aufgefangen und ausgeglichen wird. Im Miteinander von Disziplinen wie Medizin, Psychologie und Seelsorge entsteht idealerweise ein Raum des gegenseitigen Respekts und der Anerkennung der

Expertise des anderen für sich selbst – gerade dort, wo die betroffene Frau und ihr Partner dem Mediziner an Fachwissen oder sozialem Rang unterlegen sind. Die Fähigkeit, eigene Ansichten und Wünsche selbstbewusst zu äußern bzw. auch den damit verbundenen Emotionen einen Raum zu geben, hängt in einer relationalen Autonomiekonzeption stark von solchen Rahmenbedingungen ab. Nur unter Voraussetzung einer sozialen Infrastruktur der Anerkennung ist die Entwicklung kommunikativer Fähigkeiten als Baustein personaler Autonomie möglich. Nur so werden Frauen ermächtigt, Stellung beziehen zu können, sich als letzte Urheberin von Handlungen zu begreifen und die eigenen Entscheidungen vor und während der Behandlung buchstäblich zu ver-antworten. Diese Aufgabe dann wahrzunehmen und sie aktiv umzusetzen wird ihnen unter Voraussetzung geeigneter Rahmenbedingungen allerdings nicht erspart bleiben. Veränderungen hängen letztlich auch an einzelnen Individuen, die geschaffene Räume auch selbstbewusst beschreiten.

Die Entwicklung des Vermögens, sich anderen mitzuteilen, wird Folgen über den medizinischen Bereich hinaus haben. Vielleicht wird es Frauen irgendwann gelingen, in aller Ruhe bestehende Differenzen in der Bewältigung des unerfüllten Kinderwunsches zu verbalisieren, auszuhalten und voneinander zu lernen. Auch dieses, auf gemeinsamem und intersubjektivem Austausch basierende Vermögen von Frauen, die eigenen Gefühle und Ansichten in Worte zu fassen und mitzuteilen, ist eine Voraussetzung, den eigenen Weg zu finden und damit zu selbstbestimmten Entscheidungen im Bereich der Reproduktionsmedizin zu kommen.

Moralisch-normative Kompetenz

Die in den vorhergehenden Kapiteln bereits vorgestellten Folgeprobleme der IVF erfordern mittlerweile ein detailliertes Expertenwissen, das von Paaren mit unerfülltem Kinderwunsch nicht erwartet werden kann. Dass sich Frauen und Paare vor der Inanspruchnahme reproduktionsmedizinischer Methoden jedoch über Grundzüge der ethischen Debatten informieren, ist Voraussetzung einer selbstbestimmten und verantwortlichen Entscheidung für oder gegen die Inanspruchnahme der Angebote der Reproduktionsmedizin. Wer für sich in Anspruch nehmen will, selbstbestimmt zu handeln, muss sich moralisch-normative Kompetenz aneignen.

Reine Informationsbeschaffung wird aber gerade im Falle eigener Betroffenheit nicht genügen. Es geht vielmehr um das Vermögen, eine eigene begründete Position zu finden und im Sinne einer Urheberschaft für das eigene Handeln diesen oder jenen Eingriff bzw. den Verzicht auf einen Eingriff vor sich selbst und gegebenenfalls auch vor anderen rechtfertigen zu können.

Dabei gilt es, die Grundausrichtung theologischer Ethik, die in beiden christlichen Konfessionen bei allen Unterschieden und Kontroversen sehr klar erkennbar ist, zu beachten: eine generelle Haltung der Behutsamkeit und der Vorsicht im Umgang mit verletzlichem Menschenleben zu entwickeln. Dies betrifft nicht nur die eigene Verletzlichkeit, sondern auch die Verletzlichkeit ungeborenen Lebens. Die Frage: Was ist Menschenleben für mich/für uns?, ist für eine selbstbestimmte Entscheidung für oder gegen bestimmte Methoden der Reproduktionsmedizin von zentraler Bedeutung und sollte im Sinne normativer-moralischer Kompetenz nicht umgangen werden. Zur Beantwortung dieser Frage ist eine Grundkenntnis der embryonalen und fötalen Entwicklung erforderlich und wünschenswert, aber nicht ausreichend. Die Frage berührt ja oben dargestellte allgemeine philosophisch-ethische Diskussionen ebenso wie ganz persönliche Wertvorstellungen: Was ist der Mensch für mich? Worin besteht seine Würde? Wann beginnt Menschsein?

Dass Frauen hier vollkommen unterschiedliche und häufig mehrdeutige Antworten geben, hat unter anderem die europäische Studie „The Janus Face of Prenatal Diagnostics“[115] erhoben, allerdings wohlgemerkt im Kontext der Pränataldiagnostik. Hier wurden Frauen gefragt, ob einem Embryo bereits bei der Empfängnis, im Verlauf der Schwangerschaft oder bei der Geburt Menschenwürde zukomme. Je nach persönlicher Situation und nach Herkunftsland fielen die Antworten sehr unterschiedlich aus und reichten von: „ab der Entwicklung von bestimmten Hirnfunktionen" bis hin zu „wenn das Baby allein lebensfähig ist" oder „ab der Geburt". Frauen betrachten laut dieser Studie den heranwachsenden Embryo/Fötus fast immer als „heranwachsendes Kind" und mehrheitlich als „Teil des Körpers der Frau", gleichzeitig aber auch sehr oft als „biologisches Material".

Dass solch divergierende Antworten von Statistiken nicht zur Beantwortung der Frage genügen, welcher moralische/ontologische Status dem Embryo zukommt und welchen Würdeschutz er beanspruchen kann, liegt auf der Hand. Sie spiegeln lediglich die Bandbreite der Meinungen wider. Daher ist die Forderung, sich einen Einblick in die philosophisch-ethischen Debatten um die Pro- und Contra-Argumente für und wider die Personalität des Embryos zu verschaffen, unverzichtbar. Wo herkömmliche Diskussionen in der theologischen Ethik über die verschiedenen Argumente immer allein auf den Embryo zentriert bleiben, ohne jemals die Frau und ihren Leib/Körper ins Spiel zu bringen, weisen Ethikerinnen säkularer und theologischer Provenienz immer wieder auf die Bezogenheit zwischen Frau und Embryo im Falle der Schwangerschaft hin, die in ihrer Einzigartigkeit von herkömmlicher Ethik bisher nicht ausreichend und angemessen reflektiert worden sei: „Während sich die Ethik also bisher dem Embryo zumeist als einem neutralen, biologischen und – gegebenenfalls – moralischen Subjekt gewidmet hat, muss sie nun eine Bewegung hin zum Kind als Teil eines fundamentalen Lebensverhältnisses vollziehen."[116] Unter Rückgriff auf diese Bezogenheit haben katholische und protestantische Ethikerinnen Frauen aufgefordert, den Begriff der Menschenwürde nicht nur auf Personen anzuwenden, sondern auch auf die Bezogenheit zwischen ihnen und mit diesem Argument freiwillig auf die Inanspruchnahme von Reproduktionsmedizin zu verzichten.[117] Allein die Tatsache der Herauslösung der Entstehung neuen Lebens aus dem Leib einer Frau bewerten sie bereits als Verstoß gegen die Menschenwürde der Bezogenheit von

Embryo und Frau. Auch wenn Menschenwürde in der philosophischen Tradition bisher niemals auf eine Bezogenheit, sondern stets nur auf Personen angewendet wurde und von daher gesehen zu Recht in der Diskussion umstritten ist, so sollte doch das eigentliche Anliegen dahinter nicht in Vergessenheit geraten: Mensch-Sein bedeutet immer, in Beziehung zu stehen und dies von Anfang an. Vor allem dann, wenn der Anfang dieser Beziehung sich letztlich einer genauen Bestimmung entzieht, ist höchste Vorsicht geboten. Vorsicht und Behutsamkeit im Umgang mit dem fragilen Anfang eines Lebensverhältnisses sind also ein wichtiger Aspekt normativ-moralischer Kompetenz. Von daher sollte Frauen und Paaren der ethische Unterschied zwischen einer intrauterinen Insemination und einer IVF/ICSI bekannt sein, der ja genau darin besteht, dass erstere „das Eingeordnet-Sein" des Embryos in den Körper der Frau beibehält, letztere es aber auflöst.

Frauen bzw. Paare mit unerfülltem Kinderwunsch sollten sich gedanklich damit befassen, dass nach einer IVF überzählige Embryonen kryokonserviert werden, die nicht mehr unter dem Schutz dieser Beziehung stehen. Sie wurden einstmals mit der Intention verbunden, Kinder zu werden und damit andere Menschen zu Eltern zu machen, also ein neues Lebensverhältnis mit neuen Beziehungen zu begründen. Sie eines Tages möglicherweise zu Forschungszwecken freizugeben und sie damit zu biologischem Material zu degradieren, verletzt diese ursprüngliche Intention.

Rein rechtlich gesehen ist ein solcher Weg zumindest in der Schweiz – im Gegensatz zu Deutschland und Österreich – mittlerweile möglich geworden. Hier können Paare nach einer Beratung ihre Einwilligung bekunden, dass ihre überzähligen Embryonen nicht vernichtet, sondern zur Forschung an embryonalen Stammzellen verwendet werden. Ein Blick auf die Websites von Kinderwunschkliniken zeigt, dass Paare dieser Möglichkeit durchaus mit gemischten Gefühlen begegnen: Während die einen altruistische Motive anführen – „Wir wollen zur Verbesserung der technologischen Möglichkeiten der Kinderwunschbehandlung beitragen" – sprechen die anderen von ihren „Eisbärchen", mit denen sich die große Hoffnung auf Weiterleben und auf Zukunft in eigenen Kindern verbunden hat, die man als Teil seiner selbst begreift und die man nicht einfach „umwidmen“ oder gar vernichtet sehen möchte. Deutlicher kann das Denken der Bezogenheit wohl kaum zum Ausdruck gebracht werden.

Die Rede von der normativ-moralischen Kompetenz als Baustein von Selbstbestimmung macht deutlich: Es geht bei der medizinisch-technologischen Antwort auf den unerfüllten Kinderwunsch nicht nur um den legitimen Wunsch nach und das fragwürdige Recht auf prokreative Autonomie, sondern letztlich um Verantwortung für menschliches Leben und um die Verpflichtung, dieses Leben – sei es nun ungeboren oder geboren – nicht leichtfertig zu instrumentalisieren. Normativ-moralische Kompetenz als Baustein personaler Autonomie bedeutet an dieser Stelle, von den eigenen Wünschen und Präferenzen abzusehen und sie sehr bewusst in Frage stellen zu können bzw. sie gegen andere Werte wie die Menschenwürde abzuwägen zu können. Es geht hier um ethische Grundsatzfragen, deren Beantwortung fundamentale anthropologische Verschiebungen zur Folge haben.

In den Bereich der Abwägung eigener persönlicher Wünsche mit dem Wohlergehen anderer Menschen fallen auch Gerechtigkeitsüberlegungen. Die Frage, ob die finanziellen Ausgaben für unzählige IVF-Versuche für das „genetisch eigene“ Kind angesichts der mangelnden Basisversorgung von Millionen von Kindern gerechtfertigt sind, ist nicht nur eine Frage sozialethischer Überlegungen. Sie muss auch individuell vom einzelnen Paar gestellt und beantwortet werden. Es gibt keine globale Instanz, welche hier unter Berücksichtigung distributiver Gerechtigkeit einen Ressourcenausgleich vornehmen könnte. Normativ-moralische Kompetenz als Baustein eines personalen Autonomieverständnisses beinhaltet, sich mit solch unbequemen Überlegungen auseinanderzusetzen.

Die Überlegungen, die im vergangenen Kapitel angestellt wurden und auf eine Steigerung der ethischen Kompetenz von Frauen und Paaren abzielen, setzen – das ist mir bewusst – ein erhebliches Bildungs- und

Reflexionsniveau im ethischen Bereich voraus. Ethisches Denken muss aber gelernt werden – und zwar nicht erst in einer Stresssituation, wie sie sich beim unerfüllten Kinderwunsch darstellt. Ethische Kompetenz von Heranwachsenden muss viel früher gefördert werden. Als eigenes Pflichtfach an Bildungseinrichtungen aller Art, an Schulen, Universitäten und in allen sonstigen Bildungseinrichtungen. Die Diskussion über Ethik an den Schulen darf auch nicht auf die Frage reduziert werden, ob sie anstelle des Religionsunterrichts oder ergänzend zu ihm unterrichtet werden soll. Ethische Argumentation muss in *allen* Fächern eingeübt werden, denn die Last individueller Verantwortung und die Notwendigkeit verantwortlicher und mündiger Entscheidungen nehmen angesichts der zunehmenden Liberalisierung im Fortpflanzungsbereich stetig zu. Man kann daher nicht oft genug wiederholen: Eine bessere Vorbereitung und Steigerung ethischer Kompetenz ist dringend notwendig. Ethik – sei sie nun säkularer oder religiöser Provenienz – ist angesichts der eben geschilderten Entwicklungen längst kein Orchideenfach mehr, sondern sie gehört zum Kernbestand einer zeitgemäßen Bildung und Ausbildung. Die damit verbundene politische Forderung ist sehr klar: Mehr Ethikunterricht und mehr Ressourcen für Aufklärung und Beratung sind kein Luxus, sondern angesichts der Möglichkeiten der Technologie pure gesellschaftliche Notwendigkeit.

7. DIE FRAGE NACH ALTERNATIVEN MÖGLICHKEITEN DES UMGANGS MIT UNERFÜLLTEM KINDERWUNSCH

Angesichts all der ethischen Bedenken, die auf den vergangenen Seiten aufgeführt wurden, stellt sich die Frage nach ethisch unbedenklichen Alternativmethoden zur Reproduktionsmedizin. Da dieses Buch seinen Schwerpunkt auf die ethischen Probleme legt und kein Ratgeber für alternative Kinderwunschbehandlung ist, sei an dieser Stelle auf professionell arbeitende Beratungsnetzwerke verwiesen, die *unabhängige psychosoziale Beratung* vor Ort vermitteln.[118] Eine solch unabhängige psychosoziale Beratung ist in jedem Fall anzuraten. Gesetzlich existiert eine psychosoziale oder psychologische Beratungs*pflicht* in Deutschland und Österreich nicht, doch sind Mediziner und Medizinerinnen in allen deutschsprachigen Ländern angehalten, in der medizinischen Pflichtberatung zur Kinderwunschbehandlung auf die Möglichkeit einer unabhängigen psychosozialen Beratung hinzuweisen, die auch ethische Überlegungen umfassen sollte. Dies aus gutem Grunde: Wer tatsächlich eine „selbstbestimmte" und verantwortliche Entscheidung getroffen haben will, die diesen Namen auch verdient, *muss* die Kompetenzen erwerben oder erweitern, von denen im vorigen Kapitel die Rede war. Die Inanspruchnahme von IVF und verwandten Technologien ohne jede vorige psychosoziale und ethische Beratung kann nur als blauäugig und unverantwortlich bezeichnet werden. Sie entspringt einer naiven Euphorie, die am Ende tragischen Schiffbruch erleiden kann.

Auch eine dezidiert psychotherapeutische Begleitung sei Paaren mit unerfülltem Kinderwunsch dann angeraten, wenn dieser Wunsch zu seelischen Nöten und dauernden Konflikten führt. Manche Dinge lassen sich vielleicht nur mit Hilfe eines Therapeuten sagen, der für die Einhaltung der notwendigen Rahmenbedingungen sorgt, wenn sich zwei Menschen miteinander auf ein so schwieriges Terrain wie die Not der Infertilität begeben. Psychotherapie kann zum Erfolg einer Kinderwunschbehandlung beitragen bzw. auch die äußerst belastende Situation bewältigen helfen, wenn die Behandlung keinen Erfolg hat.

Alternative Therapien

Immer wieder kann man in Internetforen und Medien von Alternativtherapien für den unerfüllten Kinderwunsch lesen: Sie reichen von Akupunktur zur Stimulation der Energie der Nieren über bestimmte Ernährungsvorschriften für Männer und Frauen bis hin zu Gebärsteinen, der empfohlenen Einnahme von Mönchspfefferkraut und Tricks für bestimmte Körperhaltungen beim Koitus sowie Reiki, Yoga-Übungen und andere Arten von Entspannungstechniken. Manches davon lässt sich rational und sogar naturwissenschaftlich erläutern, nachweisen und begründen. Anderes fällt in den Bereich dessen, was man eher als Aberglauben bezeichnen würde.

Eine vollständige Liste zu erstellen ist unmöglich, eine Empfehlung dieser oder jener Techniken wäre an dieser Stelle wissenschaftlich unseriös, weil sich Erfolge hier kaum statistisch messen lassen. Selbstverständlich muss jede Frau und jedes Paar für sich herausfinden, was ihr/ihm gut tut und was ihr/ihm hilft, bei all den inneren Spannungen und Turbulenzen, die mit einem unerfüllten Kinderwunsch verbunden sind, zur Ruhe zu kommen. Manchmal kann auch ein Ortswechsel oder ein Wechsel des beruflichen Umfeldes Blockaden lösen, die vorher nicht einmal im Bewusstsein der Betroffenen waren.

Es soll an dieser Stelle nur eines bemerkt werden: Die genannten alternativen Methoden haben den ethischen Vorteil, dass sie das Geheimnis des Lebens respektieren und keine Embryonen verbrauchen.

Andererseits können sie unter Umständen in ihrer Wirkung auf die Psyche von Frauen und von Paaren einen mindestens ebenso großen Druck ausüben wie die Reproduktionsmedizin selbst. Sie zielen ja in gewissem Sinne auf eine noch umfassendere Körperbeobachtung und Selbstbeherrschung als jede schulmedizinische Methode. Bereits beim ersten Aufkeimen des Wunsches nach einem Kind können (und sollen) Frauen und Männer auf ein ganzes Arsenal von Gesundheitsvorschriften zurückgreifen, die angeblich „ganz natürlich, selbstgewählt und selbstbestimmt" die eigene Fruchtbarkeit in den Mittelpunkt des gesamten Denkens rücken können und genau deswegen in eine echte Sackgasse führen können, in der sich das gesamte Decken nur noch um gesunde Ernährung, Beckenbodengymnastik, körperliche Fitness und Rauchverbot dreht. Wenn der Erfolg sich dann nicht sofort einstellt, sind Schuldgefühle fast vorprogrammiert. Schließlich kann man sich nicht auf das Versagen einer medizinischen Methode oder der Reproduktionsklinik berufen, sondern muss sich mit der Frage quälen: Was habe *ich*/was haben *wir* falsch gemacht? Die Problematik von Ohnmacht und Selbstwertproblemen inklusive Paarkonflikte kann sich also groteskerweise bei alternativen Methoden durchaus noch verstärken. Muss man also – um die alte christliche oder auch buddhistische spirituelle Einsicht zu bemühen – einen Wunsch loslassen, damit er in Erfüllung geht?

Adoption

In katholischen Kreisen begegnet man Paaren mit unerfülltem Kinderwunsch sehr oft mit der Aufforderung: „Adoptiert doch ein Kind! Es gibt so viele Kinder auf der Welt, die nicht erwünscht sind und eure Liebe dringend bräuchten!" Der Vorschlag entspringt besten Motiven und kann sich auf kirchliche Dokumente wie die oben genannten Instruktionen „Donum Vitae" und „Dignitas Personae" berufen, in denen das Lehramt den Weg der Adoption als möglichen Weg vorschlägt, mit dem Leiden der eigenen Kinderlosigkeit umzugehen und sich auf diesem Weg den Kinderwunsch doch zu erfüllen.

Im Hinblick auf die Erfahrung von Adoptivkindern und die Ergebnisse der Adoptionsforschung muss jedoch auch hier davor gewarnt werden, diesen Weg unreflektiert und naiv zu beschreiten und ihn als *die* ideale Alternative zur IVF und als ethisch in gewissem Sinne „besseren" Weg zu propagieren, der dazu noch augenfällig den Edelmut eines kinderlosen christlich orientierten Paares demonstrieren hilft. Ein Adoptivkind ist nicht einfach ein Ersatzprogramm für ein fehlendes leibliches Kind. Es bringt seine eigene Geschichte mit, die im günstigsten Fall von nicht zu unterschätzenden Belastungen, im schlimmsten Fall von schweren Traumatisierungen gekennzeichnet ist. Praktisch alle Adoptivkinder tragen ihr ganzes Leben lang in unterschiedlichem Maße schwer an der Last, ursprünglich ungewollte Kinder gewesen zu sein. Nun sind sogar in Zeiten umfassender Familienplanung natürlich auch leibliche Kinder sehr oft zunächst ungewollt und ungeplant, doch Adoptivkinder sind es immer. Was auch immer der Grund für die Adoptionsfreigabe war und wie nachvollziehbar er auch ist – die Erfahrung des Nicht-Angenommen-Seins ist eine Erfahrung, die auch mit noch so viel Liebe und Mühe der Adoptiveltern nicht einfach kompensiert werden kann, ist sie doch eine Erfahrung, die an den Kern einer Existenz und an das Urvertrauen eines Menschen reicht.

Die Endokrinologie, die Lehre von den Hormonen, sowie die pränatale Psychotherapie haben in den letzten Jahren eindrucksvolle Beweise geliefert, dass Schwangerschaften, die von Angst und Stress gekennzeichnet sind, Konsequenzen für das noch ungeborene Kind haben: So ist u. a. das Stresshormon Cortisol deutlich erhöht, was mittlerweile als Ursache dafür gilt, dass Adoptivkinder in ihren ersten Lebensjahren und häufig wohl auch später extrem stressanfällig und häufiger krank sind.[119] Viele von ihnen kämpfen mit Angststörungen, welche die Psychologie mit Hinweis auf die Entwicklung des Gehirns auf den Stress und den Überlebenskampf des ungeborenen Kindes während der Schwangerschaft zurückführt. Wenn nach der Geburt dann noch Gewalterfahrungen hinzukommen, so ist das Leben eines Adoptiv- oder Pflegekindes von Anfang an schwer belastet. Aber auch ohne diese Erfahrung sind die plötzliche Trennung und der Verlust der leiblichen Mutter eine schwere Zäsur in einem gerade begonnenen Erdenleben. Die auf den englischen Kinderpsychiater John Bowlby zurückgehende sog. Bindungsforschung belegt dies eindrucksvoll.

Damit ist selbstverständlich *nicht* gesagt, dass ein Adoptivkind sein Leben nicht bewältigen könnte. Den meisten Adoptivkindern gelingt dies letztlich und individuelle Faktoren spielen auch hier eine große Rolle. Doch sollte man sich darüber im Klaren sein, dass ein Adoptivkind in jedem Fall ein Kind ist, dessen Geschichte und Existenz mit einem anderen Körper, mit einer anderen Herkunft und damit auch immer mit der Erfahrung des Fremden verbunden ist. Dies ist besonders augenfällig, wenn das adoptierte Kind einer anderen Kultur entstammt und möglicherweise eine andere Hautfarbe hat. Aber auch wenn das Adoptivkind mitteleuropäische Züge trägt, ist die Erfahrung des Fremden eine Erfahrung, der sich Adoptiveltern als Teil der Realität stellen sollten. Die von leiblichen Kindern vertrauten und häufig übrigens durchaus diskussionswürdigen Erklärungsversuche „Das hat er/sie von der Oma/dem Opa“ können bei einem Adoptivkind nicht zur Anwendung kommen. Die Erfahrung von Fremdheit gehört also zum Alltag von Adoptiveltern und ist etwas, was manchmal ausgehalten werden muss und manchmal positiv gestaltet werden kann.

Nun sind auch leibliche Kinder „Gäste, die nach dem Weg fragen“, doch für Adoptivkinder gilt dies in noch stärkerem Maße. Sie sind auf ein Ethos der Gastfreundschaft angewiesen, was nicht nur von den Eltern, sondern auch vom sozialen Umfeld der Familie viel Geduld und Toleranz erfordert – letztlich als Ausdruck des konstruktiven Umgangs mit Differenz. Genau dieser Umgang mit Differenz ist aber in einer immer stärker heterogenen Gesellschaft von heute *die* große Herausforderung. Nicht alle sind ihr gewachsen, weshalb Vorurteile und Fanatismus auf der einen bzw. Rückzug in den eigenen Schrebergarten das Verhalten von Erwachsenen oft dominieren. Adoptivkinder brauchen weder das eine noch das andere. Sie brauchen – wie die *Resilienzforschung*[120] (lat. resilire = zurückspringen, abprallen) zeigt – nicht nur die Unterstützung der Eltern, sondern auch die Offenheit und Freundlichkeit anderer Menschen an gastfreundlichen Orte wie Kirchen, Sportvereine, Musikvereine usw.

Mittlerweile gibt es an vielen Orten gute institutionelle Unterstützung von Sozialämtern nicht nur für Pflege-, sondern auch für Adoptiveltern, doch ist das Unwissen über die spezifischen Belastungen von Adoptivkindern vor allem in Bildungsinstitutionen wie Schule und Kindergarten nach wie vor groß. Angst- und Anstrengungsvermeidungsstrategien, wie sie charakteristisch für Adoptivkinder sind, werden von Lehrern und Lehrerinnen häufig völlig falsch gedeutet und dort mit noch mehr Druck beantwortet, wo besser Entlastung und Entspannung angesagt wäre. Angesichts der Tatsache, dass die Zahl der Adoptivkinder stetig ansteigt, wären hier dringend Fortbildungsmaßnahmen wünschenswert.

Wie gesagt – all dies bedeutet nicht, dass ein Adoptivkind sein Leben nicht bewältigen könnte und dass sich Adoptiveltern unweigerlich mit einer Adoption ein „Problemkind einhandeln" würden. Schließlich kann jedes Kind, auch ein leibliches Kind, seinen Eltern immer wieder alles abverlangen oder größte Sorgen bereiten. Doch ist die Wahrscheinlichkeit von Belastungen bei Adoptivkindern aufgrund ihrer besonderen Vorgeschichte größer und erfordert daher eine besondere Bereitschaft der Eltern, ein Adoptivkind auf dem manchmal sehr mühsamen und steinigen Weg zu sich selbst zu begleiten – auch dann, wenn unbequeme Fragen auftauchen: Wieso wollte meine Bauchmama mich nicht behalten? Wollte sie mich überhaupt? Wie bin ich entstanden? Wer ist meine „richtige" Mama und mein „richtiger" Papa? Kann ich meine Bauchmama sehen? Warum haben meine Adoptiveltern mich eigentlich adoptiert? All dies sind Fragen, die Offenheit und Ehrlichkeit nicht nur mit dem Adoptivkind, sondern auch mit sich selbst und den eigenen Gefühlen erfordern. Die bewusste Aufarbeitung der Erfahrung der eigenen Unfruchtbarkeit ist hier die an erster Stelle zu nennende unabdingbare Voraussetzung, um der „fremden" Herkunft des eigenen Kindes (und möglicherweise einmal auch seinen leiblichen Verwandten) gelassen und ohne Angst ins Auge sehen zu können und das Kind mit diesem Wissen auch aufwachsen zu lassen.

Einem Kind die Wahrheit wie einen Mantel anzubieten, in den es hineinschlüpfen *kann*, aber nicht notwendigerweise *muss*, ist eine Kunst, an der Adoptiveltern jeden Tag scheitern, um wieder erneut anzufangen. Das Recht von Kindern auf Wissen um die eigene Herkunft ist ein Recht, das heute in der Theorie stark betont und eingefordert wird. Doch gerade im Fall von Adoptivkindern und hier insbesondere von Adoptivkindern aus dem Ausland, deren Zahl ständig wächst, ist es ein Recht, das häufig abstrakt bleiben muss, einfach weil das Wissen bezüglich der genauen Umstände einer Freigabe zur Adoption fehlt. Hier muss man erst lernen mit fehlenden Antworten zu leben und manches als Tatsache zu akzeptieren, ohne das „Warum" beantworten zu können.

Für Adoptiveltern stellt sich daher die Frage, inwiefern und wie weit sie bereit sind, Lasten mitzutragen und wo sie legitimerweise auch ihre persönliche Grenze ziehen: Bei einer möglichen körperlichen oder geistigen Behinderung eines Adoptivkindes? Im Falle der Alkohol- oder Drogensucht der leiblichen Eltern? Bei einer anderen Hautfarbe? Wären sie bereit, beruflich zurückzustecken, wenn ein Adoptivkind vermehrt Unterstützung bräuchte? Ist das soziale Umfeld eine Unterstützung oder eher ein Hindernis? Wer aus dem Kreis der Familie trägt die Adoption mit, wer nicht? Solche Fragen sollten *vor* einer Adoption gestellt worden sein, um die eigenen Kräfte auszuloten. Naivität in Kombination mit moralischem Druck, mit der Adoption unbedingt eine Höchstleistung der Nächstenliebe vollbringen zu müssen, gefährdet hier nicht nur ein Kind, das in besonderem Maße auf Schutz und Wärme angewiesen ist, sondern letztlich auch die Adoptiveltern selbst.

Verzicht auf Kinder

Die Möglichkeit eines bewussten Abschieds vom Kinderwunsch und die Akzeptanz der eigenen Kinderlosigkeit ist ein Schritt, der angesichts der Dominanz des Angebots der Reproduktionsmedizin, von Alternativmethoden und der Möglichkeit der Adoption fast in Vergessenheit gerät. Dabei berichten Paare und Frauen, die diesen Weg gegangen sind, dass es ein „Leben danach" gibt und dass dieses Leben ein glückliches und erfülltes Leben sein kann.[121] Es ist deswegen meist kein „Leben ohne Kinder", denn normalerweise hat jedes Paare Freunde und Bekannte mit Kindern, an denen sich hier und da auch studieren lässt, dass ein Leben mit Kindern immer wieder auch sorgenvoll und belastend sein kann. In meiner eigenen Erinnerung waren es die vielen Gespräche mit meinen Freundinnen, die mir über die Jahre hinweg immer wieder ehrlichen Einblick ins Familienleben gewährten und mir verdeutlichten, dass „Kinder haben" vor allem dann ausschließlich glücklich macht, wenn diese Kinder bei aufkommenden Problemen und Sorgen wieder an die Hauptverantwortlichen abgeliefert werden können. Genau dies ist Eltern aber nicht möglich. Kinder hat man für immer. Man bleibt für immer Mutter und Vater – gleichgültig, ob einen das momentan mit Glück oder Sorge erfüllt.

Daher sei hier nochmals festgehalten, was in der Situation des unerfüllten Kinderwunsches oft im Meer der Enttäuschung, des Frusts und der Tränen untergeht: Es gibt die Freude an der eigenen Kreativität und Fruchtbarkeit in vielen Formen jenseits von Schwangerschaft. Ich kenne unfreiwillig kinderlose Paare, die gemeinsam oder jeder für sich Bücher geschrieben haben, die fantastische Hobbygärtner und -gärtnerinnen oder auch Künstler und Künstlerinnen geworden sind, hohe Berge bestiegen und Abenteuer erlebt haben, die Familienväter und -mütter kaum riskieren würden. Dies alles spricht auf eine sehr stille und unspektakuläre Art dafür, dass es möglich ist, mit einem unerfüllten Kinderwunsch leben zu lernen. Allerdings ist der Weg – die Akzeptanz der Kinderlosigkeit – selten für Zeitungsartikel und Bücher geeignet.

Noch weniger eignet er sich für prestigeträchtige Veröffentlichungen in Medizin und Forschung. Es ist ein Weg der Wut, der Rebellion, des Schmerzes, der Enttäuschung … und dann irgendwann und vielleicht ganz unvermittelt ein Weg des Loslassens und einer neu gewonnenen inneren Freiheit. Niemand kann gezwungen werden ihn zu gehen. Man geht ihn freiwillig und entdeckt irgendwann eines Tages, dass Wunden und Schmerzen zu einer vertieften Einsicht führen können, zu Hellhörigkeit und Hellsichtigkeit gegenüber den Schmerzen der anderen. Dies alles hat mit irgendwelcher Leidensverliebtheit nicht das Geringste zu tun. Es gibt Leiden, das bekämpft werden *muss* und *soll* und das auf keinen Fall in irgendeiner Weise mystifiziert werden darf. Aber es gibt auch die Möglichkeit, eigene unüberwindliche Grenzen akzeptieren zu lernen und sie eben genau dadurch eines Tages zu überwinden. Hier beginnt das große Reich persönlicher Spiritualität, das für den verantwortlichen Umgang mit Bioethik vielleicht in Zukunft viel bedeutender sein kann, als bisher geahnt.

EIN PERSÖNLICHES NACHWORT UND DANKSAGUNG

Ich danke an dieser Stelle zunächst einmal Brunhilde Steger vom Tyrolia Verlag, die mir vor vielen Jahren in Innsbruck einmal zufällig bei einer Vorlesung zum Thema zugehört und mich hartnäckig und charmant über Jahre hinweg immer wieder sanft, aber bestimmt aufgefordert hat, dieses Buch zu schreiben. Es ist ein kleiner Versuch, zur Entscheidungsfindung von Frauen und Paaren mit unerfülltem Kinderwunsch beizutragen. Es möchte zum Gespräch und zum Nachdenken anregen.

Ich freue mich über die Einladung, eine Reflexion dezidiert aus christlicher Perspektive zu unternehmen und werte dies als Signal dafür, dass Ethik auf christlichem Hintergrund auch in einer säkularen Gesellschaft ihre Berechtigung behält. Sie hat viel zu bieten – nicht nur für ausdrücklich christliche Paare, sondern für *alle* Menschen, die über ihre Entscheidungen nachdenken und den richtigen Weg für sich suchen.

Nicht alle Argumente und Positionen, die ich auf den vergangenen Seiten zusammengetragen habe, sind daher spezifisch christlicher oder auch nur allgemein religiöser Natur. Theologische Ethik – die Disziplin, der ich mich zugehörig fühle – hat stets den Anspruch an sich selbst, Argumente mit den Mitteln der Vernunft so durchzubuchstabieren und zu begründen, so dass sie auch für Nicht-Christen nachvollziehbar sind. Theologische Ethik formuliert Gedanken, die auch in einer säkularen Gesellschaft Achtung, Respekt und Offenheit verdienen. Anders als ein rein säkularer Diskurs fragt sie allerdings nicht nur nach den Rechten von Paaren mit unerfülltem Kinderwunsch, sondern auf dem Hintergrund des Gedankens der Gottebenbildlichkeit jedes Geschöpfes auch nach der Verantwortung und Sorge für das Wohl von Kindern. Dieser Fokus kommt in meinen Augen in der Diskussion um die Reproduktionsmedizin oft zu kurz, seine Erforschung und öffentliche Thematisierung ist noch stark ausbaufähig und kann in diesem kleinen Buch nur angedeutet werden.

Bei all dem bin ich mir bewusst, dass viele der Gedanken auf den Seiten dieses Buches für Paare mit unerfülltem Kinderwunsch manchmal schwer auszuhalten sind. Wo ein so großer und tiefer Wunsch dominiert, der mit so viel Emotionen, Energie und Euphorie verfolgt wird, sind rationale Überlegungen und harte Fakten manchmal nicht besonders willkommen. Ich möchte niemandem sein Herzensprojekt Kinderwunsch kaputtreden. Ich möchte nur aufgrund eigener Erfahrung ermutigen, den mit dem unerfüllten Kinderwunsch verbundenen ethischen Problemen und auch psychischen Belastungen nicht aus dem Weg zu gehen und sich den Realitäten der diversen Antwortmöglichkeiten auf den unerfüllten Kinderwunsch zu stellen. Ermutigt haben mich dazu viele betroffene Frauen und Paare, denen ich im Laufe meiner Vortragstätigkeit zum Thema begegnet bin, ferner gute Diskussionen mit Reproduktionsmedizinern, psychosozialen Beratern und Beraterinnen und Therapeutinnen. Ihnen allen verdanke ich Erkenntnisse, Literaturtipps und Erfahrungsschilderungen.

Die Nachdenklichkeit bezüglich des Themas Reproduktionsmedizin ist in den vergangenen Jahren in meiner Wahrnehmung im Wachsen begriffen und das ist gut so. Auch die Medien haben sich von der allzu euphorischen Berichterstattung verabschiedet und liefern oft gute Informationen und wertvolle Selbsterfahrungsberichte. Eine letzte Entscheidung müssen Frauen und Männer am Ende aber selbst treffen und niemand nimmt sie ihnen ab. Gleich welcher Weg – wer eine Entscheidung trifft, tut einen Sprung hinein ins Risiko, dessen genaue und langfristige Folgen vorher niemals absehbar sind. Ich wünsche Ihnen, dass Sie den Mut und die Kraft finden, eine Entscheidung zu treffen, mit der Sie gut leben können.

Anmerkungen

1 http://www.who.int/reproductivehealth/topics/infertility/definitions/en/ (28.12.2013). Hier finden sich auch weitere wichtige Definitionen der Infertilitätsforschung.

2 In Österreich beträgt das Durchschnittsalter im Jahr 2012 exakt 28,7 Jahre. Dies hat die jüngste Studie „Generations & Gender Programme" erhoben: http://www.univie.ac.at/oif/typo3/fileadmin/ggp-austria/Publikationen/ggp_broschuere_2013.pdf (7.4.2014).

3 Homepage der Endometriose-Vereinigung Deutschland; http://www.endometriose-vereinigung.de/willkommen.html (28.12.2013); Homepage der Endometriose-Vereinigung Österreich: http://www.eva-info.at/ (28.12.2013); Homepage der Schweizerischen Endometriose-Vereinigung: http://www.endo-help.ch/de/ (28.12.2013).

4 Hannah Arendt: Vita activa oder Vom tätigen Leben. 12. Aufl., München 2001.

5 Eine sehr eindrückliche Sammlung von Selbstaussagen unfreiwillig kinderloser Paare sowie Hinweise auf viele Studien über die sozialen und psychischen Auswirkungen unfreiwilliger Kinderlosigkeit findet sich – allerdings auf Englisch – bei Maura A. Ryan: Ethics and Economics of Assisted Reproduction. The Cost of Longing, Washington 2001.

6 http://www.deutsches-ivf-register.de/pdf-downloads/dirjahrbuch2012-d.pdf, Seite 9 (27.12.2013).

7 http://www.deutsches-ivf-register.de/pdf-downloads/dirjahrbuch2011-d.pdf, Seite 11 (27.12.2013).

8 http://www.bmg.gv.at/cms/home/attachments/3/5/5/CH1094/CMS1340806672582/ivf-fonds,_jahresbericht_2012.pdf, Seite 2 (27.12.2013).

9 http://www.bfs.admin.ch/bfs/portal/de/index/news/01/nip_detail.html?gnpID=2013-236 (27.12.2013).

10 Im Unterschied zu einer *biochemischen* Schwangerschaft, die nur durch Blutuntersuchungen nachweisbar ist.

11 Informationen sollten bei der jeweiligen behandelnden Institution erfragt werden.

12 http://www.deutsches-ivf-register.de/pdf-downloads/dirjahrbuch2012-d.pdf, Seite 12 (28.12.2013).

13 http://bmg.gv.at/cms/home/attachments/3/5/5/CH1094/CMS1340806672582/ivf-fonds,_jahresbericht_2012.pdf, Vorwort (28.12.2013).

14 Michèle Hansen et. al.: The Risk of Major Birth Defects after Intracytoplasmic Sperm Injection and In vitro Fertilization. In: The New England Journal of Medicine vol. 346 No. 10 (2002), 725–730.

15 Eine detaillierte Übersicht zu diversen Studien über mögliche Behinderungen bzw. auch Einblick in die Studienlage bezüglich der psychosozialen Lage von Paaren mit unerfülltem Kinderwunsch sowie eine genaue Auflistung der Risikofaktoren von IVF findet sich unter http://www.tab-beim-bundestag.de/de/pdf/publikationen/berichte/TAB-Arbeits-

bericht-ab139.pdf, Kapitel 1 und 2 (28.12.2013). Die Österreichische Liga für Kinder- und Jugendgesundheit berichtet ebenfalls von deutlichen Fehlbildungsrisiken und fordert eine verbesserte statistische Erfassung dieser Fälle in Österreich in Form eines Monitorings aller assistierten Schwangerschaften. http://www.kinderjugendgesundheit.at/uploads/Kinder_der_Reproduktionsmedizin-Positionspapier_Mai_2011.pdf (7.4.2014).

16 http://www.aerzteblatt.de/nachrichten/55029/IVF-Mentale-Retardierung-nach-ICSI-geringfuegig-haeufiger (28.12.2013).

17 So berichtet die Medizinerin und Psychosomatikerin Katharina Krupp von der „Baby Care Ambulanz" in einem großen Spital in Wien von Schlafproblemen, Essproblemen und vermehrtem Weinen bei IVF-Kindern. Ausdrücklich kommt sie auch auf die Problematik des Fetozids zu sprechen, der im Falle von Mehrlingsschwangerschaften durchgeführt wird und bei den Eltern bzw. den späteren Geschwistern schwere Schuldgefühle verursachen kann. In: Die Furche, 27.3.2014, Fokus S. 5.

18 Der genaue Wortlaut des österreichischen Fortpflanzungsmedizingesetzes findet sich unter http://www.ris.bka.gv.at/GeltendeFassung.wxe?Abfrage=Bundesnormen&Gesetzesnummer=10003046 (28.12.2013).

19 Von „homolog" (ómoios = „gleich") spricht man, wenn nur die innerhalb einer Partnerschaft oder Ehe vorhandenen Keimzellen benutzt werden, „heterolog" (éteros; griech. „der andere") bezeichnet dagegen die Hinzuziehung eines „fremden" Samens oder einer „fremden" Eizelle eines Spenders/einer Spenderin.

20 Reform des Fortpflanzungsmedizinrechts. Stellungnahme der Bioethikkommission des Bundeskanzleramts vom 2. Juli 2012. http://www.bka.gv.at/DocView.axd?CobId=48791 (28.12.2013).

21 Das Schweizer Fortpflanzungsmedizingesetz findet sich auf folgender Seite: http://www.admin.ch/opc/de/classified-compilation/81.html (28.12.2013).

22 Lat. „ganz" + „Kraft". Die Fähigkeit, sich zu einem Ganzen herauszubilden.

23 Der genaue Wortlaut des Gesetzes findet sich unter: http://www.gesetze-im-internet.de/eschg/ (28.12.2013).

24 Eine gewisse Übersicht über die Rechtslage in allen europäischen Ländern bietet das Max-Planck-Institut Freiburg i. Br. für ausländisches und internationales Strafrecht. Sie wird allerdings nicht ständig aktualisiert. http://www.mpicc.de/meddb/show_all.php (28.12.2013).

25 http://www.bag.admin.ch/themen/medizin/03301/03361/03410/ (28.12.2013).

26 http://www.bag.admin.ch/themen/medizin/03878/06152/ (28.12.2013).

27 Günther Pöltner: Grundkurs Medizin-Ethik. Wien 2002, 76.

28 Maura Ryan: Ethics and Economics of Assisted Reproduction. The Cost of Longing. Washington 2001, 67.

29 Wilhelm Korff (Hg.): Lexikon der Bioethik. Bd. 1. Gütersloh 1998, 327.

30 Zur Klassifizierung der WHO von Behinderung, Funktionsfähigkeit und Gesundheit (2005) http://www.dimdi.de/dynamic/de/klassi/downloadcenter/icf/endfassung/icf_endfassung-2005-10-01.pdf (28.12.2013).

31 So Maura Ryan (a. a. O.) und Hille Haker: Ethik der genetischen Frühdiagnostik. Sozialethische Reflexionen zur Verantwortung am Beginn menschlichen Lebens. Paderborn 2002, 196.

32 http://www.ris.bka.gv.at/GeltendeFassung.wxe?Abfrage=Bundesnormen&Gesetzesnummer=10005158 (28.12.2013).

33 http://www.frauenheilkunde.insel.ch/de/unser-angebot/kinderwunsch/kosten/ (28.12.2013).

34 http://www.repro-endo.usz.ch/PatientenUndBesucher/InfoBroschuere/Seiten/default.aspx (28.12.2013).

35 http://www.sozialgesetzbuch.de/gesetze/05/index.php?norm_ID=0502701 (28.12.2013).

36 John A. Robertson: Children of Choice. Freedom and the New Reproductive Technologies. Princeton 1994, 16ff.

37 Ebd., 169.

38 Ebd., 171. Die Debatte über „Genetic engineering", also Genmanipulation von taubstummen Kindern wird seit Jahren in England und in den USA geführt. Mit Rücksicht auf die eigene Kultur und Sprache taubstummer Menschen plädieren hier diverse Institutionen für das Recht auf die gezielte Selektion von Keimzellen mit einer genetischen Anlage für Taubheit.

39 John Stuart Mill: On Liberty (1869): http://www.bartleby.com/130/1.html, Kapitel 1 (28.12.2013).

40 Immanuel Kant: Grundlegung zur Metaphysik der Sitten. Kommentar von Christoph Horn, Corinna Mieth und Nico Scarano. Frankfurt a. M. 2007, 62.

41 Ebd., 27.

42 Otfried Höffe: „Gerne dien ich den Freunden, doch tue ich es leider mit Neigung …" – Überwindet Schillers Gedanke der schönen Seele Kants Gegensatz von Pflicht und Neigung? In: Zeitschrift für philosophische Forschung 60 (2006), 1–20, hier: 16.

43 Onora O'Neill: Autonomy and Trust in Bioethics. Cambridge 2002, 57–70.

44 J. A. Lee: Kindheit: Drei begriffliche Modelle. In: Christian Büttner/Aurel Ende (Hg.): Jahrbuch der Kindheit II. Kinderleben in Geschichte und Gegenwart. Weinheim 1985, 191–207.

45 http://www.kinderhabenrechte.at/index.php?id=17 (28.12.2013).

46 Die genau ausformulierte Liste findet sich in Martha Nussbaum: Die Grenzen der Gerechtigkeit. Behinderung, Nationalität und Spezieszugehörigkeit. Berlin 2010, 112–119.

47 vgl. Reform des Fortpflanzungsmedizinrechts: http://www.bka.gv.at/DocView.axd?CobId=48791, Seite 42 (28.12.2013).

48 Vergleiche beispielsweise Marina Rupp (Hg.): Die Lebenssituation von Kindern in

gleichgeschlechtlichen Partnerschaften. Köln 2009. http://www.bmj.de/SharedDocs/Downloads/DE/pdfs/Forschungsbericht_Die_Lebenssituation_von_Kindern_in_gleichgeschlechtlichen_Lebenspartnerschaften.pdf?__blob=publicationFile (28.12.2013).

49 Deutscher Ethikrat (Hg.): Das Problem der anonymen Kindesabgabe. Stellungnahme. Berlin 2009. Zu beziehen unter http://www.ethikrat.org/dateien/pdf/stellungnahme-das-problem-der-anonymen-kindesabgabe.pdf (28.12.2013).

50 Ebd., 74.

51 Ebd., 75.

52 Eric Breitinger spricht in seinem Buch „Vertraute Fremdheit" von ca. 1000 Kindern, die in Deutschland dank der sog. anonymen Samenspende jedes Jahr zur Welt kommen (Erich Breitinger: Vertraute Fremdheit. Adoptierte erzählen. Berlin 2011). Zwar hatten und haben Kinder, die aus diesen Samenspenden entstanden sind, als junge Erwachsene rein theoretisch und juristisch gesehen ein Recht auf Wissen um ihre Herkunft, doch konnten sie es in der Praxis nach Information des Vereins „Spenderkinder" häufig nicht durchsetzen, weil Kliniken und Ärzte die Herausgabe von Informationen verweigerten, um die Anonymität des Spenders zu wahren. Genauere Details über die aktuelle rechtliche Situation vgl. http://www.spenderkinder.de/dierechtlichesituation/#frage3 (28.12.2013).

53 Ein guter Überblick zu bisherigen Studien bezüglich Samenspende findet sich unter http://www.dji.de/Projekt_Babyklappen/Berichte/Expertise_Donogene_Insemination_Thorn.pdf (28.12.2013).

54 Auch hier sei verwiesen auf den lesenswerten Band von Eric Breitinger: Vertraute Fremdheit. Adoptierte erzählen. Berlin 2011.

55 http://prospect.org/article/childbirth-global-crossroads-0 (28.12.2013).

56 http://www.bkid.de/fileadmin/datensammlung/dateien/cbrc_leitlinien.pdf (28.12.2013).

57 Eine gute, wenn auch nicht mehr ganz neue Zusammenfassung aller ethischen Argumente Pro und Contra findet sich bei Regine Kollek: Präimplantationsdiagnostik. Embryonenselektion, weibliche Autonomie und Recht. Tübingen 2002. Auch die Dokumentation der Diskussion durch den deutschen Bundestag ist zu empfehlen: http://www.bundestag.de/dokumente/textarchiv/2011/35036974_kw27_de_pid/ (28.12.2013).

58 Hille Haker: Ethik der genetischen Frühdiagnostik. Paderborn 2002, 251.

59 Ebd., 264.

60 Jürgen Habermas: Die Zukunft der menschlichen Natur. Auf dem Weg zu einer liberalen Eugenik? Frankfurt a. M. 2005, 58.

61 Ebd., 112.

62 Zitat nach Jürgen Habermas: Die Zukunft der menschlichen Natur, 120.

63 Die schöne Formulierung entstammt dem empfehlenswerten Buch von Christiane Kohler-Weiß: Das perfekte Kind. Eine Streitschrift gegen den Anforderungswahn. Freiburg i. Br. 2008.

64 Jürgen Habermas: Die Zukunft der menschlichen Natur, 122.
65 http://www.vatican.va/roman_curia/congregations/cfaith/documents/rc_con_cfaith_doc_19870222_respect-for%20human-life_ge.html (28.12.2013).
66 http://www.dbk.de/fileadmin/redaktion/veroeffentlichungen/verlautbarungen/VE_183.pdf (28.12.2013).
67 Eberhard Schockenhoff: Ethik des Lebens. Grundlagen und neue Herausforderungen. Freiburg i. Br. 2009, 498.
68 Details kann man auf den Seiten 498ff nachlesen.
69 http://www.dbk.de/fileadmin/redaktion/veroeffentlichungen/verlautbarungen/VE_183.pdf (28.12.2013).
70 Ebd.
71 FIVET = Andere Bezeichnung für IVF mit anschließendem Embryonentransfer (ET).
72 So beispielsweise Johannes Gründel: In-vitro-Fertilisation. III. Ethisch. In: Walter Kasper u. a. (Hg.), Lexikon für Theologie und Kirche, Freiburg 1996, Sp. 575. Vgl. auch Klaus Demmer: Angewandte Theologie des Ethischen. Freiburg i. Ue. 2003, 206ff.
73 Gerhard Marschütz: theologisch ethisch nachdenken. Bd. 2: Handlungsfelder. Würzburg 2011, 180f.
74 Maura Ryan: a. a. O; Lisa S. Cahill: Theological Bioethics. Participation, Justice, and Change. Washington 2005; Margaret A. Farley: Feminist Theology and Bioethics. In: Barbara H. Andolsen, Women's Consciousness, Women's Conscience. A Reader in Feminist Ethics, Minneapolis 1985, 285–305, hier: 304.
75 Der Utilitarismus ist eine philosophische Denkschule, die den Nutzen (utilis, lat. = nützlich), insbesondere den größtmöglichen Nutzen einer möglichst großen Anzahl von Menschen in den Mittelpunkt der Überlegungen stellt.
76 Peter Singer: Leben und Tod. Der Zusammenbruch der traditionellen Ethik. Erlangen 1998, 200.
77 Ebd., 202.
78 Eine genauere Darstellung der Diskussion findet sich bei Gerhard Marschütz: theologisch ethisch nachdenken. Bd. 2 Handlungsfelder. Würzburg 2011, 205ff.
79 Günter Rager: Die biologische Entwicklung des Menschen. In: Günter Rager (Hg.), Beginn. Personalität und Würde des Menschen. München 2009, 67–122.
80 Ich danke Marianne Grohmann für eine kritische Lektüre dieses Kapitels.
81 Stellungnahme des Rates der Evangelischen Kirche in Deutschland zur Präimplantationsdiagnostik (PID): „Deine Augen sahen mich, als ich noch nicht bereitet war …" (Ps 139,16). http://www.ekd.de/download/pm40_2011_stellungnahme.pdf, Kapitel III (28.12.2013).
82 Ebd., Kapitel I.
83 Ebd., Kapitel III.
84 Im Unterschied zur *deontologischen* Argumentation (griech. to deón = das Gesollte), die

eine Handlung danach beurteilt, ob sie einem anerkannten moralischen Prinzip entspricht, gleichgültig, welche Folgen die Handlung hat. In katholisch-theologischer Ethik finden sich beide Ansätze ethischer Urteilsbildung, wobei in bioethischen Fragen häufig die deontologische Argumentation dominiert.

85 http://www2.evangelisch.de/themen/gesellschaft/k%C3%BCnstliche-befruchtung-position-der-ekd-%C3%BCberdenken23953 (28.12.2013).

86 Eine gute Übersicht findet sich bei Peter Dabrock: Wenn das Unbestimmbare bestimmt werden muss … Zum Verständnis des menschlichen Lebensanfangs und seines Schutzes in der evangelischen Theologie. In: Ulrich Körtner/Günter Virt/Dietrich von Engelhardt/Franz Haslinger (Hg.), Lebensanfang und Lebensende in den Weltreligionen. Beiträge zu einer interkulturellen Medizinethik. Neukirchen 2006, 71–93. Die folgenden Ausführungen verdanken sich vielfach diesem Artikel.

87 Als Beispiel für derartige gemeinsame Veröffentlichungen von EDK und deutscher Bischofskonferenz soll genannt werden: Gott ist ein Freund des Lebens (1989) und Wie viel Wissen tut uns gut? (1997). Beide Dokumente sind bei der EKD auf Anfrage beziehbar. Genauere Informationen unter: http://www.ekd.de/ekd_kirchen/44057.html (28.12.2013).

88 Anhang zur Synode von 1987 „Zur Achtung vor dem Leben. Maßstäbe für Gentechnik und Fortpflanzungsmedizin": Von der Würde werdenden Lebens. Extrakorporale Befruchtung, Fremdschwangerschaft und genetische Beratung. Eine Handreichung der Evangelischen Kirche in Deutschland zur ethischen Urteilsbildung (1985), 8–16, hier: 9. Download unter http://www.ev-medizinethik.de/pages/themen/lebensanfang/themenfelder/praenatal-_und_praeimplantations-diagnostik/, Seite 9 (27.12.2013).

89 Ebd., 11.

90 http://www.bka.gv.at/DocView.axd?CobId=1355 (28.12.2013).

91 http://www.kirchen.jobs/bioethik/30634.html (27.12.2013).

92 Ebd., Kapitel 5.1.

93 Die Rechtfertigungslehre ist ein Kernpunkt christlicher Gnadenlehre. Sie fragt danach, wie das paradiesische Verhältnis zwischen Mensch und Gott, das durch die Sünde des Menschen zerstört wurde, wieder hergestellt werden kann und führt diese Erneuerung und Erlösung einzig und allein auf die Gnade Gottes, also seine liebende Zuwendung, zurück.

94 Hier zeigen sich anthropologische Unterschiede zur katholischen Dogmatik, die in diesem Rahmen nicht näher erläutert werden können. Ganz grob gesagt geht es um die Frage, ob der Mensch aus sich heraus sozusagen Anknüpfungspunkte für Gottes Gnade = Gottes liebende Zuwendung bieten kann oder nicht.

95 http://www.kirchen.jobs/bioethik/30634.html, Kapitel 2 (27.12.2013).

96 Anhang zur Synode von 1987 „Zur Achtung vor dem Leben" (1985): Von der Würde werdenden Lebens. Extrakorporale Befruchtung, Fremdschwangerschaft und geneti-

sche Beratung. Eine Handreichung der Evangelischen Kirche in Deutschland zur ethischen Urteilsbildung, Seite 9.

97 Ein Überblick zur Vielfalt der Positionen katholischer und evangelischer theologischer Ethik zu dieser Frage des moralischen und ontologischen Status des Embryos findet sich in der von Ulrich Körtner verfassten Denkschrift „Verantwortung für das Leben" (2001), 19ff. Die Denkschrift findet sich unter www.bka.gv.at/DocView.axd?CobId=1355 (30.4.2014).

98 Marianne Grohmann: Alttestamentliche Impulse für bioethische Diskussionen zum Lebensbeginn. In: Zeitschrift für evangelische Ethik 52/3 (2008), 169–182, hier: 172.

99 Die Übersetzung des Psalms findet sich bei Marianne Grohmann: Alttestamentliche Impulse für bioethische Diskussionen zum Lebensbeginn. In: Zeitschrift für evangelische Ethik 52/3 (2008), 169–182, hier: 171.

100 Eva Pelkner: Gott, Gene, Gebärmutter. Anthropologie und Frauenbild in der evangelischen Ethik zur Fortpflanzungsmedizin. Gütersloh 2001.

101 Regina Ammicht-Quinn u. a.: Frauen in der Praxis der Reproduktionsmedizin und im bioethischen Diskurs – eine Intervention. In: Konrad Hilpert/Dietmar Mieth (Hg): Kriterien biomedizinischer Ethik. Theologische Beiträge zum gesellschaftlichen Diskurs. Freiburg i. Br. 2006, 444–470.
Die evangelische Stellungnahme ist zu beziehen unter: www.evangelische-frauenarbeit.de. Sie trägt den Titel: Von der Würde und der Verantwortung von Frauen. Stellungnahme des Präsidiums der Evangelischen Frauenarbeit in Deutschland zu Fragen der Gen- und Reproduktionsmedizin (2002). http://www.evangelischefrauen-deutschland.de/images/stories/wrde%20verantwortung_efd_2002_web.pdf (28.12.2013).
Eine dezidiert theologische Stellungnahme aus der Sicht evangelischer *und* katholischer feministischer Ethikerinnen ist auch die Salzburger Erklärung zur sog. Bioethik von 2003. Sie ist zu finden in: Ina Praetorius/Eva Pelkner/Michaela Moser/Gerlinde Mauerer: Für eine Weltsicht der Bezogenheit. Salzburger Erklärung zur sog. Bioethik. In: Michaela Moser/Ina Praetorius (Hg.): Welt gestalten im ausgehenden Patriarchat. Königstein/Taunus 2003, 152–156.

102 So beispielsweise auch bei Kohler-Weiß: Das perfekte Kind.

103 Barbara Duden: Der Frauenleib als öffentlicher Ort. Vom Missbrauch des Begriffs Leben. Hamburg 1991.

104 So Bernard in einem Interview mit dem SPIEGEL 12/2014, 111–113. Der Titel seines Buches lautet: Kinder machen. Neue Reproduktionstechnologien und die Ordnung der Familie, Frankfurt 2014.

105 Dass Frauen den Druck dieser Norm spüren und entsprechend reagieren, belegt die Studie „Generations & Gender Programme" von 2014, die für Österreich Daten über Fortpflanzungswünsche und Fortpflanzungsverhalten gesammelt hat. Laut Auskunft der Studie befürchten Österreicherinnen, dass die Realisierung ihres Wunsches nach einem oder mehreren Kindern in der heutigen Arbeitswelt keinen Platz hat. Berufliche Nach-

teile aufgrund von Kindern ist daher einer der Hauptgründe von Frauen, die Erfüllung des Kinderwunsches immer weiter zu verschieben, auf Kinder gänzlich zu verzichten oder die gewünschte Anzahl an Kindern an die Realität anzupassen. http://www.ggp-austria.at/ (7.4.2014).

106 Erfahrungsberichte finden sich bei Petra Thorn: Männliche Unfruchtbarkeit und Kinderwunsch. Erfahrungen, Lebensgestaltung, Beratung. Stuttgart 2010.

107 Sarah Franklin: „Du musst es versuchen" und „Du musst dich entscheiden". Was IVF den Frauen sagt. In: Barbara Duden/Dorothee Noeres (Hg.), Auf den Spuren des Körpers in einer technogenen Welt. Opladen 2002, 359–392.

108 Susan Sherwin: No longer patient. Feminist Ethics and Health Care. Philadelphia 1992.

109 Simone de Beauvoir: Das andere Geschlecht. Sitte und Sexus der Frau. Hamburg 2003, 167f.

110 Gena Corea: Muttermaschine. Reproduktionstechnologien – von der künstlichen Befruchtung zur künstlichen Gebärmutter. Frankfurt a. M. 1988.

111 Verein für Sozialwissenschaftliche Forschung und Praxis für Frauen (Hg.): Frauen gegen Gentechnik und Reproduktionstechnik: Materialsammlung zum Kongress vom 19.–21. April 1985. In: Beiträge zur feministischen Theorie und Praxis 8 (1985), Heft 15/16, 190.

112 Diana T. Meyers: Gender in the Mirror. Cultural Imagery and Women's Agency. Oxford 2002, 16–20.

113 Marianne Grohmann: Alttestamentliche Impulse für bioethische Diskussionen zum Lebensbeginn, 179.

114 Bewährte Ratgeber können hier durchaus hilfreich sein. Zwei Publikationen aus dem Bereich der psychologischen Ratgeber-Literatur seien daher genannt: Tewes Wischmann/Heike Stammer: Der Traum vom eigenen Kind. Psychologische Hilfen bei unerfülltem Kinderwunsch. Stuttgart 2010; Elke Eyckmanns/Markus Merzenich/Frank Nawroth: Ein Kind – warum nicht auch für uns? Gut beraten bei unerfülltem Kinderwunsch. Heidelberg 2013.

115 Marianne Leuzinger-Bohleber u. a. (Hg.): The Janus Face of Prenatal Diagnostics. A European Study Bridging Ethics, Psychoanalysis and Medicine. London 2008.

116 Claudia Wiesemann: Von der Verantwortung, ein Kind zu bekommen. Eine Ethik der Elternschaft. München 2006, 12.

117 Vgl. die vorher bereits erwähnte „Salzburger Erklärung zur sog. Bioethik" a. a. O.

118 Für Deutschland ist die Internetadresse des Beratungsnetzwerkes: www.bkid.de. Mitglieder dieses Beratungsnetzwerkes sind auch Österreicher, so dass sich österreichische Paare an diese Adresse wenden können. Unabhängige Beratungsinstitutionen in Österreich finden sich außerdem auf folgender Website: http://www.frauengesundheit-wien.at/frauengesundheit/schwangerschaft/unerfuellter_kinderwunsch.html (28.12.2013). Für die Schweiz berät das FERTI-Forum, welches der Tatsache Rechnung trägt, dass in der Schweiz eine psychologische Beratungspflicht vor, während und nach der Kinder-

wunschbehandlung besteht. http://www.sgrm.org/wb/pages/de/fertiforum-kommission.php?lang=DE (28.12.2013).

119 Einen Einblick in die Diskussion bietet beispielweise eine Beilage der ZEIT vom 20. Juni 2013 http://www.zeit.de/2013/26/adoption-eltern-kinder (28.12.2013).
Hinweise und Büchertipps zu Frühtraumatisierung bei Adoptiv- und Pflegekindern finden sich auch auf http://www.pflegekinder-web.de/fruehtraumatisierung.html (28.12.2013).

120 Resilienz (lat. resilire: „zurückspringen", „abprallen") ist ein Terminus aus der Entwicklungspsychologie. Er bezeichnet die Widerstandsfähigkeit von Kindern, sich trotz belastender Umstände und Bedingungen normal zu entwickeln. Als Resilienz wird die Fähigkeit von Menschen bezeichnet, auf wechselnde Lebenssituationen und Anforderungen in sich ändernder Situationen flexibel und angemessen zu reagieren und stressreiche, frustrierende, schwierige und belastende Situationen ohne psychische Folgeschäden zu meistern. Über Meilensteine der Resilienzforschung informiert das Lexikon für Psychologie und Pädagogik, vgl. http://lexikon.stangl.eu/593/resilienz/ (28.12.2013).

121 Berührende Erfahrungsberichte finden sich in Susanne Zehetbauer: Ich bin eine Frau ohne Kinder. Begleitung beim Abschied vom Kinderwunsch. München 2007.